阅 读 是 一 切 美 好 的 开 始

沉浸式学习法

红素清 著

中国水利水电出版社
www.waterpub.com.cn
·北京·

内 容 提 要

本书结合"费曼学习法"与"番茄工作法",加之作者自己的教学经验,通过生动的案例、详细的指导以及实用的建议,帮助孩子从自身的角度去剖析学习问题、培养思考力、提高学习技能与兴趣,从而让他们更好地成长。

图书在版编目(CIP)数据

沉浸式学习法 / 红素清著. -- 北京 :中国水利水电出版社,2022.8
ISBN 978-7-5226-0770-2

Ⅰ. ①沉… Ⅱ. ①红… Ⅲ. ①学习方法 Ⅳ. ①G791

中国版本图书馆CIP数据核字(2022)第108874号

书　　名	沉浸式学习法 CHENJINSHI XUEXIFA
作　　者	红素清　著
出版发行	中国水利水电出版社 (北京市海淀区玉渊潭南路1号D座　100038) 网址:www.waterpub.com.cn E-mail:sales@mwr.gov.cn 电话:(010)68545888(营销中心)
经　　售	北京科水图书销售有限公司 电话:(010)68545874、63202643 全国各地新华书店和相关出版物销售网点
排　　版	北京水利万物传媒有限公司
印　　刷	河北文扬印刷有限公司
规　　格	146mm×210mm　32开本　9印张　157千字
版　　次	2022年8月第1版　2022年8月第1次印刷
定　　价	49.80元

凡购买我社图书,如有缺页、倒页、脱页的,本社发行部负责调换
版权所有·侵权必究

自序
PREFACE

你的姿态是否舒服，心最清楚

2012年9月，我通过特岗考试，踏入教师这一行。关于"特岗"，可能一些人还不太了解，这是国家为了解决农村学校师资总量不足和结构不合理等问题、提高农村教师队伍的整体素质、促进城乡教育均衡发展，专门针对中西部农村义务教育实施的一项特殊政策，服务于"两基"❶攻坚县以下的农村学校。

我任教的学校虽然在农村，但并非教学点，它属于乡镇中心小学，学校总共四百余名学生，十余名老师。在这个中心小学的下面还有很多教学点，有的教学点甚至只有一个老师，两三个学生，而乡镇中心小学相对于那些教学

---

❶ "两基"是基本实施九年义务教育和基本扫除青壮年文盲的简称。

点，无论是基础设施还是家校协作都要好一些，不过即便如此，在那里的6年，我还是发现了不少问题。

6年里，我遇到了各种各样的孩子，他们在学习中或多或少存在着与家庭、自身息息相关的问题，比如留守儿童往往比较内向、敏感；经常被"武力"管教的孩子，面对老师的批评教育往往不屑一顾；没有存在感的孩子，往往会做出各种稀奇古怪的事去吸引老师和同学们的注意力……

那时，我也曾一度想通过自己的努力，帮助他们改变现状，可是由于经验、能力不足，加之教学任务繁重，精力有限，最终未能如愿。庆幸的是，那几年的经历并没有随着时间而消逝，那一张张可爱的面容和清澈的双眸一直留在我的记忆深处。

2018年，我离开那所学校，来到了城区，面对的学生翻了一倍，问题也随之翻了好几倍。虽然这里的孩子在家庭教育方面的缺失略少一些，但是所呈现出的学习状态问题也不少，且与乡镇孩子的问题大同小异。那些问题虽然都隐藏在孩子们的心里，但最终却都在行为上展现了出来。

所幸城区学校的家庭配合度较高，我能很好地去了解大多数孩子的具体情况，再加上一些经验丰富的老师的帮助，很多问题在大家的共同分析与努力下都得到了解决。那时，我在心底也非常想把这些教学案例记录下来，但出于种种原因，总是一再搁置。

如今，能够写作此书，我深感荣幸，终于借着这个机会，系统地把这近十年来的教学案例整理出来。在整理的过程中，我查阅了很多资料，看了一些介绍心理学、学习方法的书籍，然后结合自己的经验和心得，创造了一套适合孩子的学习法，以期帮助他们从自身的角度去剖析学习问题、培养思考力、提高学习技能与兴趣。

每个孩子都是独立的个体，即便很多问题的产生是很多因素聚集在一起才产生的，但是解铃还须系铃人，问题的解决最终还是要靠他们自己。

带着问题的孩子，生活和学习是痛苦的，就像为了吸引注意力而故意去做一些让人费解的事情，而那些事情也并非他们想做，做的时候也感觉不到快乐；那些被"武力"管教的孩子，内心要么极度排斥，要么麻木，对什么都无所谓；那些内向、敏感的孩子，他们会偷偷羡慕那些活泼、开朗的孩子……

带着问题的孩子究竟美不美、舒不舒服，其实只有他们自己心里是最清楚的。每个孩子都是花朵,愿他们都能开出自己最美的姿态。

　　致每一个干净而明媚的孩子!

红素清

2021 年 9 月 15 日

第一章
沉浸式学习的秘密

01 学生的疑惑：我们为什么要学习 / 002

02 只能你适应老师，不能让老师迁就你 / 008

03 这样预习，学习效率至少翻5倍 / 013

04 看我——怎么向课堂40分钟要质量 / 019

05 忘得太快不要紧，用"睡前、醒后"双重记忆法 / 026

06 节省课后作业时间：学霸的总结归类法 / 032

07 保持持续学习动力的"保鲜法" / 038

08 安上善于收集知识的"小天线" / 044

第二章 沉浸式学习的方法

01 宏观掌控的"思维导图法" / 052

02 提升综合分析力的"发散思维法" / 058

03 让知识可视化的"形象理解法" / 064

04 提高阅读效率的"捕捉信息法" / 071

05 让复杂问题简单化的"拆分法" / 077

06 强化知识的"联想法" / 082

07 利用记忆曲线,转短时记忆为长时记忆 / 088

08 让学习效率瞬间提高无数倍的"以教代学法" / 094

09 多元化全方面尝试,总能找到最合拍的学习方式 / 101

第三章

沉浸式学习的心理

01 放心，任何时候努力学习都不是一件错事 / 110

02 当别人问你的老师怎么样时，
严厉和不严厉可不是最好的答案 / 117

03 不要拿内向当课堂不发言的借口 / 124

04 外向不是随意扰乱课堂秩序的挡箭牌 / 131

05 一次测试的成绩并不代表什么 / 138

06 利用好"成就感"，你的学习事半功倍 / 145

07 当你觉得还有人不如自己时，你要注意了 / 151

08 感恩的心，你必须有 / 158

第四章

长久提高作业效率的秘诀

01 每次都按时交课堂作业，

不等于掌握了课堂所学的知识 / 166

02 最后一刻才去写家庭作业，那是拖延症呀 / 172

03 同样的问题，反复出错，肯定是你的问题 / 178

04 聪明的孩子，都会思考 / 184

05 用"番茄工作法"解决写作业时的三心二意 / 190

06 给自己设定奖惩措施，从而提高自己的作业质量 / 197

07 胡乱做很多题，不如认真做好一道题 / 203

08 要把学会的知识印进心里 / 209

目录

第五章
解决学习中常见问题的好诀窍

01 读了很多书，一点儿变化都没有，
　　你肯定被"偷懒"了 / 216

02 总是做不好阅读题，也许是你的方法错了 / 222

03 一遇到作文就犯愁，要么只写一丢丢，要么胡扯 / 229

04 老是粗心大意，习惯"缺胳膊少腿"，
　　那你可要当心被"坏习惯"缠身 / 236

05 一直不说话，难道真的是因为胆小 / 243

06 好多小动作，难道是有多动症 / 250

07 学校的三好生，家里的小霸王，这个样子很累呀 / 257

08 老是需要人监督，那你的自觉性可能失灵了 / 264

后记

愿你永远不会停止思考 / 271

V

Chapter 1

第一章

沉浸式学习的秘密

01
学生的疑惑：我们为什么要学习

9岁的豆豆比同龄孩子身体高大得多，看上去完全不像是三年级的。不过相对于他的外形，他的学习状态更不像是三年级的。在课堂上的大多数时间他都在做与学习无关的事情，作业从未交过，学习成绩自然是非常不理想。

虽然每天他都按时上下课，可是他用每天浑浑噩噩的状态告诉大家：我对学习毫无兴趣，我就是来混日子的！仿佛"学生"这两个字对他来说不过就是在教室里待几节课，混时间等放学，仅此而已。而像豆豆这样的孩子，似乎每个班都有那么一两个。他们对学习毫无兴趣，对自己毫无规划。

三年级的孩子出现这样的情况着实不应该，为此笔者详细地了解了豆豆的情况。豆豆生活在一个重组家庭，他的父母在他小时候便离异了，他跟着妈妈，而妈妈因为最近添了个小弟弟，对他的关注就少了许多，学习上的这些问题他妈妈虽然知道,但是除了心疼、心烦外,也想不出更好的办法。

通过调查,笔者得知豆豆以前的老师已经找他妈妈谈过很多次了,可是情况并没有好转。不过那个时候豆豆的学习成绩虽然在班上落后,可是他是知道学习的——上课会听讲,作业也会按时交。

那么到了三年级,豆豆为什么突然变得这么糟糕了呢?下面是笔者在与豆豆的聊天中,他说出的心里话:

学和不学结果都是一样的——考不好,成绩差,将来也上不了好大学,找不到好工作。那我为什么要费劲巴拉地学习呢?反正结果都一样!

而其他像豆豆一样的孩子呢?除了家庭略微有些差异外,他们对学习的看法都大同小异。

至此问题的关键点终于找出来了,原来他们之所以对学习如此漠视,是因为他们觉得学习除了考个好成绩和上个好大学之外别无价值。所以我们要想改变这一现状,必须改变他们对学习价值的认识,培养兴趣,确立正确的学习目标,增强自信。

专栏说

那么如何才能改变自己对学习价值的认识，培养学习的动力呢？可以从以下几点入手：

1. **多留心生活，将知识与生活联系起来，所有的知识都是为了应用，应用才是学习知识的目的。**如逛超市的时候，你可能会发现自己以前学过的，或者刚学过的一些字词，正在被当作某样物品的标签；放学路上的某个场景，刚好和你语文课本中的某段描写相吻合；自己经历的某件事情，竟然和书中的一些主人公相似……每当这些时候，自己去用心思考学习的真正意义。

2. **准备一个小本子，去记录一些生活中出现的知识。**如超市中看到的词汇，买东西时运用到的算术。建立起自己的生活知识库。

3. **将自己的生活知识库和所学到的知识进行比较。**想一想学校的知识和生活有什么联系，试着给自己学到的知识创编生活场景，并做好记录。

4.家是最好的生活场景，准备一些小标签，可以给生活用品用英汉两种语言做标记。准备一些漂亮又温馨的纸片，把一些不好意思向家人诉说的话写在上面，经常交流。

5.养成写日记的习惯。每天把自己觉得值得记录的那些有趣且有意义的事情记录下来。如今天你在语文课上学习了一些美食类的词语，而放学后你和妈妈一起去超市，碰到了相关的食品，你就多看了几眼，从而对美食和词语都有了更深的印象。那么你就可以把这个过程记录下来，在记录时除了事情本身，还可以添加一些自己的想法和感受。

这样长期坚持下来，你一定会改变学习是为了考出一个好成绩的认知，而在你把学习与生活联系到一起的过程中，你一定会充分感受到学习的乐趣以及它多样的用途。当你认识到自己为什么而学习，并且对学习产生了一定兴趣的时候，你就可以尝试在学校给自己确立明确的学习目标，让自己的知识越来越丰富。

素素老师贴心建议

关于如何确立正确的学习目标，学生可以这样做：

1.目标要实际。要以自己的实际情况为基础，以自己为参照，不攀比，不唯成绩论。如：今天自己比昨天多学了一个词语，对自己来说就是成长，学习的目的不是非要超过谁。

2.目标越具体越好，要能够方便检测。如：今天要学会写哪几个字，解释出哪些词语，拼写出多少个单词，会用哪一种做题方法举一反三等，要让自己做完之后，可以一目了然地看清自己是否完成了目标。

3.目标要灵活，可以根据自己的学习情况进行调整。如：你今天定的数学目标是会用课堂上学习的方法做5道题。但是由于你学得比较好，很快就完成了，那么你可以再适当增加一些任务。反之，你可以减少一些任务。

> 4.根据目标制定相应的奖惩措施，体验目标完成的成就感，并将其与目标贴在醒目的位置。如：你特别喜欢打篮球，特别讨厌刷碗。那么你就可以把打篮球作为奖励措施，把刷碗作为惩罚措施。目标完成就可以打篮球，目标未完成就要刷碗，而且刷完碗之后也不能再打篮球（温馨提示：喜欢和讨厌的部分可以根据自己的情况去替换）。

> 美国著名物理学家费曼曾说过："你要爱上学习，就要让学习像讲一则故事那样简单。"——爱上学习，从明白为什么学习开始。

02
只能你适应老师，不能让老师迁就你

希希是一个乖巧文静的女孩，课堂上认真听讲，课下遵守纪律，更难得的是她兴趣广泛，音乐、舞蹈、绘画、体育样样精通，深受同学和老师的喜爱。然而就是在这样一位如此优异的孩子身上，发生了一件让笔者诧异的事情。

经过一个学期的相处，笔者发现孩子们的阅读量极少，更别说养成良好的阅读习惯了，这直接导致他们阅读与习作的学习极为吃力且效果不佳。于是，笔者将孩子们的语文家庭作业变为课外书阅读。然而希希却从不参与这样的阅读活动，她每天就是写写生字或者自己找几道题做，问她为什么不参与阅读，她总是沉默不语。

这样的事情发生在希希身上，让人不解。带着疑惑，笔者联系了希希的妈妈。刚到办公室，笔者还未开口，希希妈妈就告诉笔者，孩子到三年级后退步很大，尤其是阅读作文问题特别明显。笔者借此抛出了自己的问题：为什么孩子从不参与阅读？希希妈妈回答说，以前希希的成绩总是名列前茅，她想让希希还按照以前老师的方式写作业。

除此之外，希希妈妈还向笔者说了很多希希以前老师的事情，并委婉地表达：希希学习上的问题是因为现在老师的教学方法和之前的差别太大，导致其不适应所致，希望老师能够转换一下教学方法。

现在，疑惑终于被解开了。希希虽然默然不语，却用行动在告诉笔者她的不适。她还活在过去老师的世界里，活在过去自己的荣耀里。可是，每个年级的知识构架都不同，每个老师的教学风格都不一样，没有哪个孩子一辈子都不需要换老师。而且即便是同一个老师，在面对不同的年级、不同的教学内容时，教学方式也是会随之变化的。

所以，当你发现新老师与之前的老师完全不同时，你要主动去适应他，千万不能等着他去迁就你。

专栏说

当你发现新老师的教法"很特别",自己不能适应时,该怎么办呢?

1.将新书大致翻一翻,与以前学习的内容进行对比,找一找知识构架的不同之处。如:语文每个单元的课文篇数,每个单元的单元主题以及学习要素,每篇课文的篇幅和课后习题的走向;数学例题的题型侧重点;英语的词汇量和句子量等。将这些与自己能想到的内容去做比较,然后用自己的方式记录下这些差异。

2.认真观察自己记录的那些不同之处,好好思考这些不同的知识是否能用以前的方法学习和解决。可以自己挑一个老师讲过的知识点或者一篇课文,用以前老师的方法去学习,比较两种方法的学习效果。

3.从一些优秀孩子的身上照见自己。留心那些优秀的孩子,观察他们在与新老师之间配合的点点滴滴。如:课堂的配合、作业的完成等方面。

4.用认识新朋友的方式去认识新老师。发现他在上课、布置作业等方面的一些小习惯，从而摸索出新老师的新方法，让新老师在你这里也有迹可循。如：在上课时老师习惯用怎样的方式去导入、讲解新课，布置何种类型的作业等。

这样通过自己的用心观察与记录，你就会发现在老师"新"的同时，知识也是新的，与以前相比有很大的变化。而这种变化往往需要新的方法去教授才能有效果。

素素老师贴心建议

如何快速从"身心"上适应新老师呢？

1.全方位地去认识和了解老师。在发现新老师与之前的老师有很大不同的时候，一定不能从心里去排斥他，而要去认识和了解他。这个过程可以通过自己的仔细观察，也可以同别的孩子去交流。

2.当你实在觉得自己很难适应新老师时，尤其是在知识的学习上。一定不要沉默不语，自己去主动找老师说清楚心里的想法，然后听一听老师的想法，或许就会豁然开朗。

3. 不要让第一印象深入内心。不适应新老师可以因为他讲课的方式你听不懂，但绝对不能是因为他和之前老师的方法不同。如果你的不适应仅仅是因为不同，那么你就让自己的思路跟着老师走，认真听他讲课，按照他的方法学习、写作业，过一段时间之后，自然就会适应了。

4. 平时多和老师交流自己的想法。这种交流可以是学习上的，也可以是生活上的，先让自己在感情上亲近这位老师，感情上的亲近可以迅速缩短其他方面的差距。

著名人文主义思想家蒙田曾说过："既然不能驾驭外界，我就驾驭自己；如果外界不适应我，那么我就去适应他们。"同样，如果你不能换掉老师，也不能一辈子不换老师，那你只能设法适应老师。

03
这样预习，学习效率至少翻5倍

"普普通通"这个词用在萱萱身上实在是再合适不过了。相貌平平的她不爱说话，也从不捣乱，无论何时总是安安静静地坐在那里，若非那本交上来总是错误百出的作业本，笔者常常会忘记班级里还有她的存在。

可是就是这样一个平平无奇的孩子，最近却闪闪发光，让人眼前一亮。最近的萱萱好似变了一个人，课堂上她的手举得越来越高，而且每一次的答案都异常精彩，交上来的作业更是分外漂亮。以前那一个又一个的错别字好像断了线的气球，慢慢地全都消失了。而她整个人在接踵而来的掌声中变得自信起来，与以前真是判若两人。

萱萱如此巨大的变化让笔者在开心的同时又忍不住好奇：那根促使她发生变化的魔法棒究竟是什么呢？终于，

笔者找到了一个探究萱萱秘密的机会。

原来，萱萱最近的预习做得特别好，每次在上课之前，她都会先把老师要讲的内容进行梳理与预习。因为知道自己很多字不会写，所以她会格外注重生字词，对于每个容易出错的字，她都会想一个好的方法去识记。另外，她在预习时，还会在自己觉得特别有意思的地方批注上自己的感受，把不懂的地方标记出来，提醒自己课堂上要认真去听。

谈到课堂发言，萱萱有些不好意思，她说：

我以前从来不敢举手，怕说错。现在因为预习过，有的确实知道，就试着举了手，没想到会被老师点到，还会被表扬，心里特别开心，我从来不知道站起来发言的感觉那么好。现在怕错的畏惧没有了，自己只要有想法就敢大胆举手了。

其实，像萱萱这样普通的孩子有很多，那么如何才能让这种普通全都闪闪发光呢，笔者做了深刻的思考。

普通的孩子之所以普通，往往是因为他本身缺乏自

信。而这种自信多数和课堂表现息息相关，课堂积极参与的孩子往往学习效率高、自信心强；反之，则效率低下、缺乏自信。这种状况还具有一定的持续循环性，极易拉大孩子之间的差距。所以老师要想重塑孩子学习的自信，必须使其在课堂上获得学习的成就感。

专栏说

那么怎样在课堂上获得学习的成就感呢？

积极用心参与进来，你要做课堂的参与者而非倾听者。如：课堂上，老师提出一个问题，当你有自己看法的时候，你要敢于举手去表达，而不能产生这样的想法：

1.这么多人，就算举手了，老师也不会叫我，还是不举了吧。

2.或许人家刚好和我的一样呢，万一我的是错的呢。

你要知道即便你是错的，老师听你说了想法之后，也会明白你错误的原因，进而给你详细讲解，你依然可以更好地去学习知识。

看到这里有的孩子可能会说：我也想参与进来，可是我真的参与不进来，我的学习实在是太差了，我根本就跟不上老师的思路和脚步。

有这种想法的孩子一定要意识到这一点：学习的主要阵地是课堂，你现在之所以出现这样的情况，完全是之前课堂学习效率太低导致的。若是你现在实在跟不上，那么笔者建议你按下一页的建议去做好预习。

素素老师贴心建议

关于如何做好课前预习,学生可以这样做:

1.了解老师的上课习惯。如语文老师上课时是如何讲解生字的,是重点指导几个易错的,还是全部指导?指导时又会用怎样的方法,是老师讲解多一些还是让学生自己讲解,还是有别的方法?讲解课文时又会从哪些方面入手?是整体感知还是重点感悟?数学老师讲解例题时有着怎样的习惯?

2.在了解清楚老师上课习惯的前提下,自己有目标地预习。如:语文生字的学习,如果老师会让学生来讲解一些易错字,那么你就可以提前去预习那些你觉得容易出错的生字,然后想一些更好的方法去识记它。课文的学习也是如此,如果老师习惯整体感知之后,再抓重点段落去分析,那么你就从这些方面去预习。数学课本上的例题,可以自己认真多看几遍,再按照老师讲课的方法去思考(如果遇到哪里不懂的,一定要重点标记)。

> 3.在初步形成自己的预习方法之后，制定一个预习卡。语文可以在预习卡上标注：生字部分、词语部分、句子部分、课文内容部分等。数学可以标注：例题步骤分析、相关练习等。重点标注自己不懂的地方，并在听讲之后，把自己的理解标注在旁边。
>
> 这样长期做好预习，不仅可以让你的课堂效率提高至少5倍，还可以让你在参与课堂的过程中体会到学习的乐趣，获得学习的成就感，从而产生自信心，让你整个人都闪耀着光芒。

微生物学家巴斯德曾说过："在观察的领域中，机遇只偏爱那种有准备的头脑。"同样，在课堂学习的领域中，效率只偏爱充分预习的头脑。

04 看我——怎么向课堂40分钟要质量

初见浩宇，感觉他如同一只被鞭策的"小陀螺"，从未停止过转动，心里不禁为遇到这样一只勤劳的"小蜜蜂"点赞。但是，没过多久笔者对浩宇的看法就有了变化。虽然每次他的作业都是最快完成的，正确率也挺高，但是他少数的错误全都是笔者在课堂上强调过的重点。而很多次，笔者前面刚强调过的重点，他后面就举手发问。

这一系列的问题，引起了笔者对浩宇的关注。浩宇确实很勤奋，可是勤奋的时间却不对。他特别追求"快"——课堂上老师用来强调易错字的时候，他在急着给课后的每个生字组词；练习课上，老师的要求还没有说完，他就已经开始做题了；讲解共性问题时，他在急着补自己的错题……他总是沉浸在自己的世界里，按照自己的节奏去学习，课堂学习对他完全不起作用。

孩子的课堂学习至关重要，若是抓不住课堂时间，那在学校的时间就毫无意义。那么聪明的浩宇为什么会犯这样的错误呢？笔者决定全方位地去探个究竟。

浩宇之前的老师被笔者打听了个遍，所说的问题与笔者的观察一模一样，原来他从一年级开始就是这样的。笔者从浩宇妈妈那里得知，浩宇自小奶奶管得就比较多，宠溺大于约束，平时也是我行我素的。另外，浩宇妈妈假期里会为他报各种衔接班，那些新知识他多半都学习过。

笔者问浩宇：上课不想听讲是不是因为觉得那些东西都学过。浩宇思索了好一会儿，这样回答：

有一点儿吧，不过我就是想早些把任务完成，我知道老师会让我们给生字组词，写那些作业，补那些错题，我就是想早些完成，完成就没事了。

这样兜兜转转了一圈，浩宇问题的原因终于水落石出了。他之所以一直沉浸在自己的世界里，完全忽视老师的课堂节奏，没有课堂效率，是因为在对知识缺乏新鲜感的同时，又觉得自己对老师的套路了如指掌，然后为了完成任务而上课，所以课堂学习对于他来说完全没有作用。要

第一章　沉浸式学习的秘密

想改变这一问题，必须要让他先明白课堂学习的真正作用，然后向课堂40分钟去要质量。

专栏说

那么课堂的真正作用究竟是什么呢？这些知识你可知道？

1.新授课的课堂是老师精心备课之后的一个呈现。虽然很多时候呈现的步骤和方式是相同的，但是每个细节却是不同的。所以每节新授课都是对新知识的学习。

（如：语文课中，可能每篇课文都会有字、词、句、段、篇的学习，但是却各不相同。拿词语来说，理解一个词语的方法有很多种，可能在不同的课文中都会学到不同的用法。

数学课中，很多时候都是例题加公式的模式，可是例题的解法和步骤却又不尽相同，那些细微的点是你最应该注意的地方。）

2.练习课的习题往往是老师精选出来的,每一个题都会考试一个知识点。而习题讲解课,更是老师根据学生反馈出来的情况,针对一些错误较多的,也就是特别不好掌握的知识,进行再次讲解。这个时候,老师往往特别注意方法的指导,你要听得更加仔细(如:语文作业中的某个字出错率极高,那么老师就会针对出错的地方进行方法指导;若是句子,老师就会更注重分析讲解,甚至出一些同类的题再次巩固训练)。

总之,无论是怎样的课堂,都汇集了老师最精心的准备,它们是书中精华所聚集的地方。可能别的事情,如:补错题、写生字、写作业……这些你可以换任何时间、任何地点去完成,可是学习这件事只有课堂能帮你完成,课堂上的时间你若是错过了,那么别的时间、别的地点,就再也无法弥补了。所以千万别在课堂上做除了学习以外的事情,否则,你会得不偿失。

素素老师贴心建议

那么如此重要的课堂,该如何向这40分钟要质量呢?

1.学习是为了获取知识,而知识的获取是一个复杂的过程,不能贪"快"。切忌产生为了完成任务而学习的心理,从而在老师讲课的时间去完成课下任务的行为,特别是在对老师较为熟悉的前提下。如:你的语文老师习惯在学完第一课时之后让你给课后生字组词,那么你为了早些完成这一任务,就在老师让读课文的时候或者讲课的时候,偷偷去给生字组词,结果你是提前完成了任务,可是却错过了某个很重要的知识点(这样的例子很多,总之,课堂上要跟着老师的节奏走)。

2.课堂上,不要忽略老师所提的每一个要求。它如同题目的要求,往往比题目本身还重要。如:课堂上老师给你布置某个任务的时候,可能都伴随着一些小要求。像语文课中找一些词句,会提醒你用曲线还是横线；数学的计算，可能提示脱式还是直等，是否验算等，这些要求很小，但却很重要（若是你长期忽视这些课堂小要求，就会让你形成不审题的坏习惯，这对于耐心的培养以及各种考试都是极为不利的）。

3.为了保持知识的新鲜性，尽量不要提前去报班学习新知识，当然这种学习和预习是不同的。这里的学习指的是在老师的指导下全面地学习，如浩宇那样。如果真的学过了，就把它变成优势，好好参与进课堂，积极举手回答问题，而不要觉得自己学过了就不需要再听。每个老师的出发点不同，所讲内容也会有所不同。如：一篇课文，可能有的老师会从写法上入手，有的老师可能会从细节感悟上入手。

4.无论是习题课还是新授课，都要认真听讲，跟着老师的思路，认真学习，用心思考，积极参与。如：课堂上针对老师所提的问题，所谈的总结，所说的方法，有不同的看法，要积极去表达，将自己的想法说出来。

中国教育学家蔡元培说过:"唯有专心致志,把心力集中在学问上,才能事半功倍。"学校的学习在课堂,课堂的效率在专心致志。

05 忘得太快不要紧，用"睡前、醒后"双重记忆法

鹏鹏这个孩子上课的时候挺积极的，课堂上参与度特别高，而且每次回答问题，也都在点儿上。唯一让笔者头疼的是他的背诵和书写，他记东西特别慢，需要背诵的古诗总是背不下来，书写慢且错误多。

为了帮助鹏鹏，笔者特意将他和班上记忆力强、书写最好的孩子安排到一桌，而且叮嘱同桌竭尽全力地去帮他。同桌确实很尽力，笔者常常看到他从方法到细节的指导，很多时候甚至逐字逐句地在教。可让同桌头疼的是，鹏鹏不仅记得慢，还忘得快，往往这节课刚教会的东西，下节课就又不会了，用他的话说：鹏鹏的记忆时长，只有鱼的可以相媲美。

起初，笔者不太相信同桌的话，觉得他一定运用了夸张的修辞手法。后来笔者亲自指导鹏鹏的背诵和书写，各种问题的方法都用了。事实证明，他没有夸张，鹏鹏确实是记得特别慢、忘得特别快。

当然，从教这么多年，笔者也不是没有碰到过这种问题，但是像鹏鹏这样一天之内反复记住并且忘记的还是第一次，笔者很郁闷，向别的老师各种请教。

最终笔者将各位老师的看法和心理学的知识相结合，得出这样一个结论：鹏鹏的记忆受到前摄抑制和倒摄抑制的双重干扰。在认知心理学中，之前学习过的材料对保持和回忆以后学习的材料的干扰作用，被称为前摄抑制；相反，之后学习过的材料对保持和回忆之前学习的材料的干扰作用，被称为倒摄抑制。而想要克服前摄抑制和倒摄抑制，可以使用"睡前、醒后"双重记忆法。

专栏说

那么什么是"睡前、醒后"双重记忆法呢?它对前摄抑制和倒摄抑制又有什么作用呢?请仔细阅读:

1.顾名思义,所谓"睡前、醒后"双重记忆法就是指晚上睡觉前和早上醒来后,这两个时间段的记忆方法。心理学家认为,睡前的0.5~1小时和早上的6:00~7:00是记忆的最佳时间。你可以在这段时间把自己当天需要识记的内容进行复习巩固(具体时长和识记内容要根据自己的个人情况而定。如果你的识记能力特别弱,那么最开始可以多给时间、少给内容,然后慢慢地进行调整)。

2.前摄抑制和后摄抑制现象所反映出来的问题,归根结底其实就是记忆间隔的问题。只有足够的记忆间隔,才能让大脑消化、记牢一段信息,做好去识记另一段信息的准备,否则就会相互干扰,影响记忆的效果。而晚上是最充分的记忆间隔,可以最大化地减少前摄抑制和倒摄抑制的作用,让记忆效率最高化。这便是"睡前、醒后"双重记忆法的原理。

在了解原理的基础上,你只要好好利用这一原理,用心去坚持。一段时间下来,你不仅可以记住很多你以前根本就记不住的知识,还会发现一个小惊喜:你的记忆力在悄悄地变好,记忆效果也越来越佳。想想看,这将是一件多么令人愉悦的事情呀!

素素老师贴心建议

认识了"睡前、醒后"双重记忆法后,该如何最大程度地利用它呢?你可以这样做:

1.准备两个小本子,越方便携带越好。将每天需要识记不需要动笔的内容整理到一个本子上,再将既需要识记又需要动笔的内容写到另外一个本子上。如数学的概念，只需要背不需要写，就记到背诵本子上。语文的字词或者古诗就记录到另一个本子上。

2.在整理内容的同时，要做好归类与标记，根据重要性或者识记时长给内容分类。如：根据识记时长来划分，语文中的一些字词，有的难度特别大，早晚的复习需要很多精力，那就给它标注：

a.太费精力的标注；

b.觉得很快就可以掌握的标注。

注意：这个标注记号不一定非要用数字，也可以根据自己的习惯做替换。

3.最开始用这种方法，一定要根据自己的情况来把握时长和内容。如果你的记忆力特别弱，识记时长也很长。那么你可以多花费一些时间，少安排一些内容（内容的安排可以先从本子上记录的最重要、最迫切的开始），从而确保自己所复习的内容有效地被记住，切不可一味贪多（随着记忆的改善，内容和时间也可以逐渐改变）。

4.识记时一定要保证外在环境和内在环境的安静。外在环境即自己学习的地方一定要安静;内在环境,则指自己的内心,提前安排好内容之后,不要想其他的东西,一定要一心一意地扑在自己安排的特定任务上,这样识记的效果才会最佳。

"世上无难事,只怕有心人。"忘得再快、记得再慢都没有关系,只要你一心一意地用好"睡前、醒后"双重记忆法,良好的记忆能力定会主动找到你。

06
节省课后作业时间：
学霸的总结归类法

身材娇小、五官精致的林林看起来极为灵动，可是这灵动只是他的外貌。他实在是慢，课堂反应慢，写作业慢，就连拿书和翻页都要比别人慢很多。由于慢，他无论做什么事都要比别人花费更多的时间。课间玩耍的身影极少能够看到他，很多时候，他不是在补这个就是在补那个，有些让人心疼。

因为有了这个慢的印象，所以第一次当他的妈妈找到笔者，告诉他每天写作业都写到很晚的时候，笔者并没有在意，只是觉得他是单纯的慢。直到有一次，他妈妈专门就家庭作业的事情来找笔者，说作业太多，孩子几乎每天都要写两个多小时。

笔者听了，差点儿惊掉了下巴。考虑到每个孩子的情况不一，老师们都是分层留作业的，像林林这样的孩子，作业是非常少的，就算再慢，一个小时之内也能完成。

那一次，笔者和林林妈妈谈了很长时间，也了解到林林在家写作业时的一些情况：由于文化程度不高，林林妈妈不能给孩子辅导，唯一能做的就是给孩子提供一个良好的学习环境。本着不打扰的原则，当林林独自在房间里写作业时，她就在外面忙自己的事情。所以林林写作业的过程她没有看见。

那次，笔者和林林妈妈做了一个约定：在学校的时候，笔者多关注林林各方面的状态，在家她全程陪伴林林写作业。

很快，我们就发现了问题，在学校的林林并非慢而是乱。他所有的东西都缺乏条理性，作业、书本、试卷在抽屉里疯狂乱舞，连找的时间都要比别人多一倍；写作业的时候他也做不到一心一意，一会儿找找这，一会儿找找那，还时常做些小动作；课下补作业，这一科写点儿，那一科写点儿……家里所暴露出来的问题比学校更甚。

至此，笔者终于认清了林林的"慢"，这种慢并非与生俱来，而是缺乏条理带来的。这种条理的缺乏，已经辐射到生活和学习的各个层面，如东西的整理、作业的完成等。要想让他"快"起来，必须让其树立明确的条理意识，学会总结归类。

专栏说

那么如何才能让学生树立明确的条理意识呢？可以从以下几点入手：

1. 准备一张纸，花费一点儿时间，认真思考这几个问题：你在家是否会因为找东西，或者让妈妈帮忙找东西花掉了很多时间？你在学校有没有经常找不到学习用品，或者经常花掉很多的时间去找？如果有，你就是缺乏明确的条理意识，请根据你的实际情况，把一些自己可以用条理性解决的事情记录下来，并好好实践。

2. 制作生活类小标签，给自己的各种生活用品归类。如：衣柜的衣服，可以先按照春夏秋冬制作四个大标签进行归类，然后再做一些小的标签，上衣、裤子、内衣、外衣……每个种类对应一个衣柜的小格子，让自己的生活条理分明（最初整理可能会花费一定的时间且有难度，但是一定要克服，自己独立去完成，不要让别人代替）。

3.制作学习类小标签，给自己书桌上的各种物品归类。如书本区、练习区，或者语文区、数学区，具体怎样分区，你可以根据自己书桌抽屉的大小和自己东西的多少来决定。如果这种方法还阻止不了你的混乱，你可以用硬纸板直接对抽屉进行格挡。

条理意识的缺乏影响会很大，它的树立与生活息息相关。在有意识地培养时，只要是涉及分类，无论多小，与学习有没有关系，你都可以尝试去做。这样坚持一段时间之后，它的作用定会辐射到你生活和学习的各个角落。

素素老师贴心建议

那么树立了条理意识之后,应该怎样对知识进行总结归类,从而节省自己的作业时间呢?笔者采访了诸多学霸,总结了这套学霸的总结归类法:

1. 课堂知识总结归类法。课堂上,对于老师讲解的重点知识,一般都要做笔记。在做笔记的时候可以直接进行归类。拿语文来说:关于词语解释方法的知识可以用红笔标记,关于句子修辞之类的知识可以用蓝笔标记,关于文章写法的知识可以用黑笔进行标记……不同种类的知识可以选择不同的颜色(此处也可以用不同的符号进行标记,操作时可以根据自己的习惯来替换)。

2. 习题练习总结归类法。在写作业时,有些习题在解答的方法上是有共性的。你在拿到习题时,可以将有共性问题的习题放到一起去做,不必非要按照顺序去做。如:老师布置了十个句子题,其中有三道都是缩句,那么你就可以回顾缩句的方法,先把这三个缩句题做完（这种方法在专项训练时极为适用）。

  3. 课后作业总结归类法。在写课后作业时，可以根据每科作业的量，在写前进行时长估算。如：语文作业的时长估算是20分钟，那么你就定一个20分钟的闹钟，在这20分钟之内除了写语文作业，什么事情都不要做。如果20分钟之内完成，且时间还有剩余，剩余时间可自由支配；如果未完成，就针对未完成的部分再次估算时长，直到完成为止。

  法国浪漫主义作家雨果说过："沉思就是劳动，思考就是行动。"，对于学生来说，善于思考和总结，是所学知识最好的归宿。

07
保持持续学习动力的"保鲜法"

　　刚接手这个班时，笔者就听到了很多波波同学的"光荣事迹"，于是对他格外关注。与传闻不同，波波同学非但没有那么调皮捣蛋，听讲还格外认真。课堂上手举得勤，每次得到表扬之后还会更加认真。笔者欣喜地将这些说给波波以前的老师听，老师听了莞尔一笑，告诉笔者，波波现在的情况不过是因为换了一个老师，新鲜感还没有过去。而波波对任何事物的新鲜感都超不过一周。

　　一切果然如那个老师所说，一周之后，波波同学好似变了一个人。上课不是在发呆就是在做小动作，表扬、批评都无济于事，实在让人头疼不已。

　　笔者联系波波的家长，出现在笔者面前的波波爸爸一脸无奈，他说之前因为波波的情况，他已经来过学校很多次了。他也非常上心，给波波制定了一系列的奖励措施，每次只要波波表现好，就会给予他期望的奖励。可是，波波的学习情况并没有得到好转。

家长如此上心，那么问题的根源还得从波波身上去找。下面是笔者在与波波的聊天中，他所说的话：

有时候自己也不知道为什么会发呆，听着课、做着题不自觉地就走神了。感觉每天都是上课、写作业，挺没有意思的。

"挺没有意思的"这句话虽然很少从孩子们的口中听到，不过在大人的口中却经常听到，笔者偶尔也会说一说，所以波波的感受，笔者完全能够明白。

波波课堂持续的发呆和小动作并非有意，很多时候是无意识的。而之所以会出现那样的无意识行为，是因为他觉得学习是一件机械重复的事情，他对这样的事情缺乏动力和兴趣。要想改变他的行为，必须让他对学习产生兴趣，并保持持续的新鲜感。

> **专栏说**

　　那么怎样才能让波波那样的孩子对学习产生兴趣呢？可以从以下几点入手。

　　1.通过建立知识库，改变学习是机械重复的看法。准备一个本子，在上面记录你当天学到的新知识，若是没有新知识，就不必记录。如：今天学习了对比的写法，简便运算的方法，英语的某个句式，你就可以简单地把它们记录下来。然后用心去观察，你就会发现虽然每天我们所做的事情都可以归结为"学习"两个字，但是内容是不同的，所以学习与机械重复这四个字毫无关系。

　　2.根据自己的爱好灵活运用知识。如：很多孩子特别喜欢听故事，那你可以把自己学到的知识变为故事。如：语文的生字词，它本身就是从课文中提取的，连接起来就是一个故事，你可以用书中的故事，也可以重新给它们编织一个有趣的故事；若你喜欢谜语，你也可以用猜字谜的形式来学习（你喜欢什么就把学习到的知识变成哪种形式)。

3.把自己每天的学习故事分享给父母、同学或者老师。尤其是你在运用了课后作业总结归类法（P037）之后，你可以把自己对知识进行再创造的过程分享出来，那么你一定会得到很多掌声，那些掌声会进一步激发你的兴趣。

很多时候，对一件事情提不起兴趣，往往是因为你对这件事情没有足够的了解，学习也是如此。当你发现学习每天都会有新的收获，而且那些收获还可以用自己喜欢的方式演绎出来，并获得称赞时，那你学习的兴趣就谁也阻挡不了。

素素老师贴心建议

产生兴趣之后，保持也是关键。这些保持持续学习动力的"保鲜法"你可知道？

1.不停地给自己创造新的学习动力。拿上面讲的故事学习法来举例子,如果你最初仅仅是为了学会语文的生字而去创编故事,那么在故事足够多的时候,你可以去思考故事是否有前后矛盾的现象?是否生动有趣?是否有一定的意义?是否贴近生活……通过这些思考,你可以在以后的故事创编中尽量去避免这些问题,让自己的故事越来越优秀,让自己有不断向前的动力(若是其他的学习方法,也可以用不断精进这四个字创造动力)。

2.精神奖励与物质奖励并存。精神奖励:依旧拿故事学习法来举例子,你记录下你所创编的每一个故事,然后找父母帮忙把它整理成一本书,而那本书的作者就是你自己,那个时候你很可能是你们班上的第一位"作家"(你用了哪种方法就把哪种方法整理出来)。物质奖励:当自己学习到新知识或者达到预计目标时,可以让父母奖励给自己想要的东西。

3.拉长兑换奖励的时长。如:最初你制定的奖励措施可以是目标一达成就可以兑换到自己想要的东西。那么随着时间的推移和学习的精进，你可以固定一个时长来兑换，如目标完成一次先兑换一张奖券，5张奖券可以兑换一次东西，或者可以规定固定的时长，如两周兑换一次（具体的奖励方法、物品、时长可以根据自身的学习情况而定）。

英国著名戏剧家莎士比亚曾说过："推陈出新是我的无上诀窍。"而保持持续学习动力的"保鲜法"，除了认识到知识本身的"新"，还要不断创新自己的学习方式。

08
安上善于收集知识的"小天线"

老师们都说俊俊是一位流落人间的天使，因为先天的缺陷，他总要定期到医院复查。笔者接手这个班刚巧碰上俊俊的复查，由于情况不稳定，他的这个假一请就是两个月。

两个月之后，笔者终于见到了俊俊。与想象中的文弱不同，他长得清秀高大，眉眼里有属于阳光的灿烂。两个月的课堂缺失，让笔者对这个男孩子格外关注，生怕他跟不上学习节奏。可是事实证明笔者的担忧纯属多余，俊俊在学习上的表现远超过很多优秀的孩子，在课堂上，他积极参与，几乎每一个问题都能看到他高高举起的手，每一次回答都能赢来阵阵掌声，作业和测试更是堪称完美。

看到这样的俊俊，笔者觉得唯一的解释就是在住院的两个月里，他专门请老师进行了补习。

然而，这唯一的解释被俊俊否定了，他告诉笔者他没有请什么老师，不过是在那段时间里自己看了些书和视频，做了些题而已。听了俊俊的解释，笔者只得感叹：这真是一个聪明的孩子！

不过在后来的观察中，笔者发现俊俊的优秀可远不止聪明那么简单。那是在一次自习课上，俊俊早早地做完了作业，坐在那里认真地看着课外书。他看的是《山海经》，虽然有注释，但是对于五年级的孩子来说，依然很难懂。带着好奇与惊叹，笔者在他那里停了下来，那会儿笔者发现，他看一会儿会翻翻桌上的小本子，然后用笔在书上标记。后来，笔者向他借了那个本子，里面全是文言文的注释与语法。

这个俊俊实在是太不简单了，笔者特意将他叫到办公室询问：这些都是你在哪里什么时候记的呀？

这都是我平时没事看书的时候记的，这样的本子我太多了，老师你要是想看，我一会儿全部拿来给你看！

过了一会儿俊俊拿了十多个本子过来，什么影视台词记录本、歌词记录本、书籍记录本、学习方法记录本……

应有尽有。

看到那些本子，笔者终于明白俊俊如此优秀的原因了——善于收集知识，他几乎无时无刻不在收集知识，而那些收集到的知识提升了他的自我学习能力，弥补了他的课堂不足。

专栏说

那么如何才能像俊俊一样拥有一个善于收集知识的好习惯呢？

1. 了解善于收集知识带来的好处。了解的途径很多，如：到网上查找相关的视频；询问父母、老师或者同学，耳闻目睹它带来的益处，产生想进一步了解走近的欲望。

2. 寻找身边善于收集知识的好榜样。走近自己身边那些善于收集知识的孩子，如俊俊那样的。观察他们平时的做法，交流自己在这方面的一些兴趣和疑惑。

3. 尝试做一个自己的收集知识计划。 刚开始的时候，你对收集知识还不太了解，还不能大范围地去做，就可以先从自己最熟悉的课堂或者校园小范围内进行知识收集。如：你在课堂上听到别人说的一句特别精彩的话或者特别有意思的学习方法，你就可以把它记录下来。然后在小范围内习惯之后，再扩大范围，去做更详细的计划。

4. 通过比较，体会收集知识之后，自己的与众不同。 做了一段时间的知识收集之后，你可以去思考收集知识前后，自己的学习和生活发生了哪些变化。这种变化也可以通过询问别人或者留意别人的评价来获取。

这样通过亲身的体会与比较，你一定会发现善于收集知识的诸多益处，同时也亲身体会到这个习惯带给自己的便利与变化。这样，在不用别人督促的情况下，你一定会主动养成善于收集知识的好习惯。

素素老师贴心建议

培养好习惯之后,又该怎样去收集知识呢?

1.随时携带纸笔,养成随手记的好习惯。 如:你在看电视的时候,刚好看到了一个生活小常识;在看书的时候,恰巧遇到了特别喜欢的词句;在过马路的时候,看到了一句特别有用的话;在课堂上,听到了一种特别新颖的学习方法……你就马上把它记下来。

2.准备足够多的本子,将随手记的内容做好整理。 整理从随手记的内容开始,如:第一天你的随手记里面有学习方法、生活小常识,还有优美的词句。那么你就先准备三个本子,在每个本子的封皮上标注好内容种类。如果第二天你随手记的内容又多了一项,那么你就再增加相应的本子。

3.在实践运用中不断优化。 所有的记录都是为了运用,随着内容的增多,运用起来可能就会出现一些小问题。如:你在做数学习题时遇到了困难,而解决这一困难的方法恰好就在随手记学习方法的本子中。可是由于内容太多，你无法很快找到，这个时候你就可以对本子进行优化。要么是更为细致的分类，要么是制作一个简单的目录，以方便你去寻找（这种优化可以根据自己运用的方便性和可操作性来不断更新）。

战国末期著名思想家荀子的《劝学》有言："不积跬步，无以至千里；不积小流，无以成江海。"——知识贵在积累，给学习安上善于收集知识的"小天线"，等待你的将会是完美的蜕变。

Chapter 2

第二章
沉浸式学习的方法

01
宏观掌控的"思维导图法"

小艺同学踏实努力，可学习效果却不尽如人意。很多时候老师讲了很多遍的知识，到他那里依然是听不懂。作为班主任，笔者时常听到各科老师发出这样的疑问：为什么我都讲了那么多遍了，小艺同学还是不懂呢？

为什么呢？笔者也很疑惑。这不，转述句已经讲了很多遍了，可他的作业又做错了。笔者不相信教不会他，于是，将他叫到办公室进行单独辅导。笔者先对一般的方法进行提问，他对答如流：第一步先改标点符号，冒号、前引号改为逗号，后引号去掉；第二步改人称，我改为他（她），你改为听话人。笔者：那这个句子该怎么改？结果小艺同学依然改错了。笔者还是不相信教不会他，拿出纸笔，把所有涉及改的地方都用箭头做了标注，这次小艺同学终于做对了。

然后，笔者又出了几道类似的题，小艺同学都用这种简单标注的方法做出来了。笔者颇为得意，将这个过程分享给了其他老师，他们看了那些标注之后，纷纷发言：这不是简化版的思维导图吗？

接着大家仿佛是被"思维导图"这四个字给点化了，相继查阅相关知识，并把它用在对小艺同学的学习辅导上，效果出奇地好。大家纷纷采访小艺同学：你觉得这种方法与之前的有何不同？小艺同学这样回答：

听老师讲就是感觉自己都会了，可是真正用的时候，又觉得那些知识很散，集中不起来，似会非会的感觉。可是这样画出来，好像对整个过程又回顾了一遍，而且整个思考过程好像都能看到，感觉特别清晰。

而小艺同学这番话，大家琢磨了许久，最终分析出他之前学习的问题所在：对知识的掌握仅停留在"听"会的层面上。真正提取时，比较碎片化，不能完整呈现，会让效果大打折扣。而解决这一问题最有效的方法就是宏观掌控的"思维导图法"。

> **专栏说**

那么什么是思维导图法呢？它怎样绘制？它对我们的学习又有哪些好处呢？笔者讲给你听。

1.思维导图是一种将我们看不见的思维过程，变成图像呈现出来的一种方法。它由思考中心和从思考中心向外发散出成千上万的关节点组成。如：老师说了一个词"苹果"，然后让你把它作为中心词去联想，看你都能想到什么。这时你可能会想到用苹果做成的美食，或者以苹果命名的产品，或者苹果的作用。那么这时候"苹果"就是思考中心，在绘制时，你把它放在中心位置，而你所想到的就是由中心发散的点，你把它们放在中心词的边上，然后用线条连接起来。这样一个简单的思维导图就绘制成了。

（需要注意的是，思维导图的每一个关节点代表与中心主题的一个联结，而每一个联结又可以成为另一个中心主题，再向外发散出成千上万的关节点。

如：例子中的"用苹果命名的产品"，本是苹果这一中心主题的联结，而它又可以成为一个中心主题，发散出具体的事物：苹果手机、苹果电脑等）。

2.思维导图，可以帮助你系统化地去巩固所学知识，锻炼你的思维能力，使你能够宏观掌握所学知识。如语文上的生字学习，你可以用思维导图的方式，将你所想到的与其有关的词汇、句子、词意进行绘制。

3.思维导图的绘制特别简单。你只需要准备一张白纸，从白纸的中心开始绘制，周围留出空白。中心处绘制图案写上中心词，两边的空白则是由中心词想到的分支。然后用图画的形式连接起来就可以了（注意自始至终使用图形）。

在充分了解思维导图以及它的绘制方法之后，你可以尝试去绘制一些简单的思维导图，几幅图画下来之后，它对你学习的那些好处会自然而然地表现出来，那时你一定会对它的作用有更深刻的体会和感受。

素素老师贴心建议

那么如何将思维导图法运用到学习当中呢?学生可以这样做。

1.语文习作中的运用。如在写人物的文章中,老师肯定会从人物的外貌、性格、兴趣爱好等方面来进行讲解。那么你在老师讲解之后,可以用思维导图的方式来进行回顾,这个时候这个人物就是你的中心词,外貌、性格、兴趣爱好是第一分支,而你要具体去思考由外貌、性格、兴趣爱好联想到了哪些词语,并把它们作为第二分支画下来,然后由第二分支的哪个词语你能想到明显的事例,可以用一句话概括,并把它作为第三分支画下来。这样一篇习作的大致框架就出来了。

2.英语词汇背诵中的运用。在学习英语时,我们需要背诵很多单词,而其中一些单词,它们的词根其实是相同的。如:"pose"词义是摆姿势,作为词根是"放",我们在记住这个词根之后,可以去识记和它有关的单词，如：expose（暴露），compose（组成），decompose（分解），depose（免职、降职），deposit（下蛋、存款、沉淀物），dispose（处理、处置、排列、布置），repose（休息）……这样你记住一个词根，就可以很轻松地记住和它相关的很多单词。

3.数学复习中的运用。在数学课的复习上，往往时间紧、内容多，而且每个单元中都会包含很多小的知识点，细数起来既多又混乱。这时候你就可以用思维导图来对数学复习进行辅助，将单元主题作为中心词，将那些小的知识点作为分支，然后由一个知识巩固相关知识，将它作为第二分支进行绘制，以此类推，复习会变得系统简单起来。

古希腊哲学家柏拉图说："思维是灵魂的自我谈话。"高效的学习一定离不开真正的思维，借用思维导图，让你的思维真正动起来。

02
提升综合分析力的"发散思维法"

全全比班上其他的孩子要小半岁,这半岁让他的一些想法非常独特,很难被人理解。记得有一道特别简单的判断题——《卖火柴的小女孩》是安徒生的一篇童话故事,毫无疑问它是正确的。可是全全却认为它是错的,问其原因,他说应该是丹麦作家安徒生,句子里没有说是丹麦作家。类似这样的题目还有很多,全全基本上没有做对过,每次他给出错误的原因都与这个相似。

每一次,笔者都很认真地给他讲,可是他好像听不进去,所有的判断题只要不和书上,或者是老师说的一模一样,那么在他的眼里,那道题就是错的,在他那里,所有的知识都是死的,完全活不起来。这在数学学科的学习上表现更甚。

虽然是小了半岁，可是这半岁之差也不至于产生这么大的影响。通过与全全以前老师的交流，笔者得知他从一开始就是这样的，学知识学得比较死，似乎没有一点儿综合分析的能力，不过低年级的时候表现得不太明显，高年级这一缺点就暴露得淋漓尽致。

为了找到问题的根源，笔者咨询了很多老师，查阅了很多资料，最终把关键锁定到了"思维"这个词上，觉得全全可能有些思维固化，需要做一些思维发散的训练。笔者联系了全全的家人，将自己的想法告诉了他们。

全全父母对全全很是上心，听了笔者的话，连连感谢，并表示会全力配合帮助孩子做发散思维的训练。就这样，在学科老师与家长的配合下，全全的发散思维训练正式开启。

一个学期之后，全全发生了翻天覆地的变化，各科老师都在惊叹。他的变化也告诉笔者，那些不会对知识进行举一反三、分析比较的孩子并不是真的学不会，而是他们的思维处在固化阶段，没有被发散开来。这时候，只要进行一些思维发散的训练，问题就会迎刃而解。

专栏说

那么什么是发散思维呢？它在学习中具体怎样体现呢？请仔细看这里。

1.发散思维，又称辐射思维、放射思维、扩散思维或求异思维，是指大脑在思维时呈现的一种扩散状态的思维模式。它表现为思维视野广阔，思维呈现出多维发散状，如一题多解、一事多写等方式，它对人的学习有着很大的促进作用。

2.发散思维在数学计算题中的运用。如这样一道数学计算题：1+2+3+4+5+6+7+8+9……+91+92+93+94+95+96+97+98+99+100。这道题按照最常规的做法，就是依次相加，那这么多数字相加，就会特别浪费精力和时间。这时候，你可以去观察，通过观察你会发现：1和99、2和98、3和97……这些相对应的数字可以组成整数100，那么你只需要算出有几个100就可以了，这样就简单得多。这在数学运算中叫简便算法，其实这种简便算法用的就是发散思维的原理，它根据实际情况，通过一些技巧进行变通，使问题简单化。同时利用这种思维方式你还能解决很多类似的问题，甚至自己编一道可以用这种方法解决的题目。

3.发散思维在语文学习中的运用。如：三年级的《肥皂泡》一课，在学习课文第三自然段时，作者用了一系列动词描写她制作肥皂泡的过程，读到这里你可能会想到自己吹泡泡的情景，或者自己制作某个东西的过程等；而在最后一个自然段，作者的笔下肥皂泡飞到了很多地方，学习到这里，你可能会想到一些不同的地方和情景；学完整篇文章之后，你可能还会想到冰心其他的作品或者关于童年生活的一些作品……这些在学习过程中，你根据原本课文想到的其实就是发散思维的体现。

发散思维在日常的表现还有很多方式，它是你思考的一种方式和过程，平时有意识地去捕捉和练习，你的综合分析能力、思考能力都会得到很大的提升。

沉浸式学习法

素素老师贴心建议

关于如何有意识地训练发散思维，你可以这样做。

1.**不唯知识论，敢于质疑和思考。** 如：《卖火柴的小女孩》是安徒生的一篇童话故事。这个判断题，它确实和书上写的不一样，但是你可以反问自己：不一样就是错的吗？它不是安徒生写的吗？如果你打了错号，那么错的地方在哪里，你可以改正它吗（这个方法适用于任何的判断题和选择题，同时也适用于课堂上对老师和同学意见有不同看法的时候）？

2.**无论何时，敢于提出自己的不同看法。** 如：数学课上，老师讲了一种解决问题的方法，你觉得你有更好的方法或者不同的方法，那么你就大胆地把自己的方法说出来，不要有所保留（所有的课堂都是如此，善于并敢于随时发表自己的意见，那是你发散思维的成果）。

3.**手要放勤些。** 如：今天学习语文课时，老师在讲解一个易错字时所用的方法，让你想到了另外一个可以用同样方法来识记的生字，那么赶紧把它写到旁边。在课文阅读时，也要把自己当时所想到的标注出来。这都是思维在无意识时的一种发散方式。

4.练习一些发散思维的习题，有计划有目的地去提升自己的能力。 如：为了培养自己的思维发散能力，你买了一本相关的习题。这个时候，你可以先整体翻看一下书里的内容，然后根据难易程度和自己的实际情况，计划每天练习多少。切忌盲目贪多、贪快。综合能力的提升、思维的培养都需要一个过程。

美国著名物理学家费曼曾说过："孤陋寡闻是很危险的。有的青年人才学会了一点点皮毛，却自以为知道了一切。但不久他就会抛弃这种一知半解的诡论，重新认识到世界其实复杂得多。"——思维比世界还要复杂，千万不要让它孤陋寡闻。

03
让知识可视化的"形象理解法"

  森森是一个典型的偏科孩子，他的数学成绩非常优秀，可是语言类学科却糟糕得一塌糊涂。笔者是一个特别喜欢语文的人，所以在笔者的眼中，能学会数学，学不会语文是一件特别难理解的事情。遇到这样的孩子，也会格外关注，关注的方式就是在课堂上经常提问他，不管他举不举手。

  森森特别不给面子，每次提问，他都沉默以对。更过分的是，他还经常不听讲，总是在随意翻看后面的课文。每一堂语文课，他都无精打采，感觉像是在被什么折磨着一样难受。起初，笔者以为是提问次数太多，他心里不舒服。后来，笔者换了一种关注方式，不再提问他，经常带着关怀的语气询问他哪里没有听懂，他每次总是摇摇头，然后依然是之前的那副样子。

虽然森森以前的语文老师多次告诉笔者,他之前的语文课一直都是那个样子。但是笔者心里还是略有担忧,尤其是在看到他数学课上积极的状态之后,笔者就觉得他是对自己这个语文老师有意见。

那次听完森森的数学课,笔者实在忍不住,把森森叫到了办公室,开门见山地问:你数学课和语文课怎么跟换了一个人似的?是不是对我这个语文老师有什么看法?

笔者此话一出,森森连忙摆手摇头道:"老师,您可千万别这么说,我哪能对您有意见呢。我就是不喜欢语文,您看数学吧,算术、计算简单、清晰明了。您再看语文,不是什么新鲜感、画面感,就是你感受到什么,你是怎样理解的……这都是一些有的没的,真是太难了,我真是学不会。"

那会儿,笔者算是听明白了,他对语文的态度确实不是因为老师,而是觉得语文太假大空了,都是一些看不见摸不着的虚东西,让人难以琢磨。可是事实并非如此,语文也是可以看得见的,只不过呈现方式不一样。而要想改变他对语文的态度,就必须让他学会让知识可视化的"形象理解法"。

专栏说

什么是让知识可视化的"形象理解法",它在学习中是如何体现的呢?

顾名思义,让知识可视化的"形象理解法",就是让一些抽象的知识变得形象起来,可以被眼睛看到。如:语文课的一些复杂生字的学习,老师为了更好地帮助你理解和记忆,往往会插播一个关于这个汉字起源的视频,通过观看视频,你能清楚地了解它的字形变化和意义。而这些东西本来是看不到的,它却用视频的方式呈现出来,变得可以被看到,这就是一种形象理解法(它在每个学科中都有所体现,而非只有语文,你可以根据自己的学习情况去体会)。

简而言之,就是把文字所描述的东西用图片或者视频的方式呈现出来,从而让所描绘的内容变得更加直观形象。在学习中,你若是遇到像森森一样的问题,觉得很多时候面对一些文字都无法理解,那么你可以去找一些图片和视频来让它变得更加直观。这样不仅能够辅助你对知识的理解,还可以提升你的学习兴趣。

素素老师贴心建议

运用让知识可视化的"形象理解法",学生可以这样做。

1.在词语理解中的运用。如:你在读《肥皂泡》时,遇到一个特别难理解的词语"颤颤巍巍",你无法联系上下文或者根据字面意思去理解它。那么你就可以根据那段文字的描述,自己去吹泡泡,然后观察泡泡在空中的状态,那个状态就是颤颤巍巍,这样你就能理解了(不同的词语可以根据它所在的不同情景去让它形象化)。

2.在文本理解中的运用。如：《蟋蟀的住宅》这一课，这是一篇说明文，内容略显枯燥，你对它所介绍的文字并不感兴趣。那么你可以在学习之前或者之后，找一些蟋蟀住宅的图片或者视频，如果条件允许，你甚至可以实地去看一看蟋蟀的"住宅"。然后根据自己所看到的，再去寻找课文中相关的文字介绍，你就会觉得有意思得多。

3.课文学习中的运用。如：《冀中的地道战》这一课，故事的背景离你较远，搜索再多的文字，你也无法真正体会到。这时你可以先看一些关于地道战的电影，那距离一下子就拉近了。然后你再根据课文中的介绍，自己把地道的样子画成一幅图，并配上相关的文字去介绍。这样一来二去，你不仅对课文内容有了全面的了解，还进行了二次创造，学习效果自然就好了。

4.在习作中的运用。低年级的语文会有看图写话，它其实就是让你把图画用文字表达出来。高年级的语文学习，随着你积累的增多，它开始反过来，是把很多图片用文字表述出来，所以书中才会出现很多有画面感的词。习作中也是如此，高年级不再有图片，而是让你直接用文字表述，那么在你表述之前，一定要先有一幅画面。

如《我家这个"动物园"》这篇习作，你在写的时候，脑子里首先要有家庭成员和与他想象的动物图像，假如你写"母老虎"妈妈，那么妈妈平时是怎样像母老虎一样对你的，那个画面应该马上浮现在眼前，这样你才能描绘出来。

5.在习作检查中的运用。课文经常出现的画面感其实是习作最好的范例，一篇好的习作在读完之后一定会让读者有画面感。那么在你完成一篇习作之后，你可以先去自己读一读，如果发现没有画面感，那么你就去思考要把它怎样修改才能改得有画面感（这种方法在写一段话中也适用）。

沉浸式学习法

> 美国著名物理学家费曼曾说过:"人的感官通道有五种,分别是视觉、听觉、味觉、嗅觉和触觉。毫无疑问,视觉是最高效的感官通道,它承担了大脑80%的信息输入任务。"——最好的知识理解方式就是可视化的"形象理解法"。

04 提高阅读效率的"捕捉信息法"

若单从阅读数量上看，轩轩读的书在班上绝对可以排第一。无论是她妈妈朋友圈里的那个大书架，还是他的阅读笔记，班上都没有哪个孩子能够超越，在平日的课堂上，但凡提到哪本课外书，他总是能够说出一些内容。

不过与他读书数量并不成正比的是他的阅读能力。在阅读上，他既不是阅读速度最快的，也不是正确率最高的，整体能力在中游水平。就连数学老师也经常说，相比计算，他解决问题的能力还有待提高，感觉那不是他那样的孩子该有的水平。确实，无论是学习习惯还是纪律卫生，他都堪称同学们的榜样，难得的是，他还喜欢看书，在所有老师眼里，他的学习也应该是极其优秀的。

这样的疑惑不仅存在于老师的心中，还存在于轩轩妈妈的心中，他妈妈告诉笔者，就是怕高年级的阅读他跟不上，所以自小就非常注重他对课外书的阅读，可是不知道为什么，孩子读了那么多书，感觉效果好像并不怎么好。

在与轩轩妈妈三番五次的交流中，也在她的嘱咐中，阅读课上，笔者专门坐到了轩轩的旁边，全程参与了他的阅读过程。

轩轩阅读格外仔细，可以说是逐字逐句，但凡遇到一个不会的字，他就查字典做标记，有的句子甚至还会反复读上好几遍，所以他的阅读时间比较长，而做习题的时间则比较短。笔者问轩轩是否一直都是这样阅读的，轩轩点头，告诉笔者，这是他妈妈说的，每一篇阅读都必须读得这样仔细。

如果这样，那么读得太仔细就是轩轩的问题所在，他太过在意逐字逐句地去读，而阅读的意义并不在于学习生字词，相对于那些，对重点信息的捕捉和文本整体的把握才更加重要。所以，想要提高轩轩的阅读效率，必须改变他的阅读习惯，让其学会"捕捉信息"。

专栏说

那么怎样改变一个人长久形成的阅读习惯呢？你可以从以下几点入手。

1.改变内在的认知。拿轩轩来说，一直以来他的内在认知就是逐字逐句去阅读，这个时候想改变他的习惯，我们可以循循善诱。最初，可以让他遇到不认识或者不理解的字词时把它们先圈画出来，如果习题涉及再回看，如果不涉及，就等完成习题之后再设法去理解。

2.改变外在条件。可以把以前用来辅助他逐字逐句学习的工具撤掉，如：字典、笔记，那么在没有这些工具的时候，他自然会选择先放一放，如果必须，也会选择其他的方式去解决。

3.建立新的学习任务。在阅读前，可以有意识地给孩子布置一些新的阅读任务，如：找出文章的中心句，画出某一段的关键句等与现在阅读习惯相关的任务。

4.用习题进行辅助。在做阅读题时，先看题目，然后阅读文本，带着题目阅读，去捕捉与题目相关的信息。数学问题的解决，要把与题目有关的信息圈画出来，逐步丢掉非目的性阅读的习惯。

这样有意识地训练一段时间之后，之前已有的不适合现在的阅读习惯就会潜移默化地被改变。当然阅读本身就是一个很好的习惯，只是阅读目的不同，所用的方法也不同，在这里要根据自己的阅读目的来选择阅读习惯，相信久而久之，你会在各种阅读中游刃有余。

素素老师贴心建议

关于怎样捕捉信息，提高阅读效率，学生可以这样做。

1.学会解决多种问题的阅读方法。如阅读这篇文章的主要目的是概括讲了一件什么事，那么关键信息就是时间、地点、人物、事件（起因、经过和结果），这些就是你在阅读时应该捕捉的重要信息；若主要目的是解释某个词语，那么这个词语所在的句子，以及句子对应的情景就是你要捕捉的重要信息；若主要目的是感受人物品质，那么与人物品质有关的词句或事件，就是你要捕捉的重要信息；若你是为了学习习作方法，那么你的信息捕捉就落在写法上；若你单纯就是为了积累，那么你就可以逐字逐句慢悠悠地去看书（阅读目的不同，捕捉的信息就不同，信息为目的服务）。

2.阅读前，确定你的阅读目的。若不是单纯地去看一本书或者一篇文章，在阅读之前就要先确认你阅读的目的，然后带着任务去阅读，捕捉与任务相关的信息。

3.掌握一些基本的阅读方法，提高阅读速度。如：在阅读中，若是遇到一些与主要内容不相干，不影响你理解内容的字词，可以忽略不计；若是遇到一些有关键句的段落，可以借助关键句跳读；不指读，连词成句地读，若非必要，不回读。

  4.善于总结规律。阅读的目的无非与字、词、句、篇相关，那么与字词有关的你都遇到过哪些，如：联系上下文解释意思，选择正确的词语，近反义词……而每一种都会用到哪些方法去解决。把它们积累下来，你的阅读效率会越来越高。

  《费曼学习法》中有这样一句话："从长远来看，阅读和记忆并不是一场数量的比赛。我们所学知识的数量向来都是一个伪命题。"你要学会阅读，学会捕捉信息，从而提高你的阅读效率。

05
让复杂问题简单化的"拆分法"

有这样一个句子题：难道还有人看不到我们家乡的变化吗？（改为陈述句）班里的孩子都会；还有这样一道题：每个人都能看到我们家乡的变化（改为双重否定句）。班里的孩子依然都会；可是要把"难道还有人看不到我们家乡的变化吗？"这个句子改为双重否定句时，有些孩子突然就不会了。

当然，这里只是举了个例子，类似这种问题还有很多。就是一步一步做都会，可是突然中间跳了一步，有些孩子好像就不会了。不过老师若是把不会的孩子叫到身边，一步一步去指导，这些孩子依然可以做出来；可是你若是不指导，让他自己去做，他又是无从下手的样子。

这种现象就暴露了一个问题：这些孩子他们不是学不

会知识本身，也不是学不会方法。而是他们没有自己掌握让复杂问题简单化的"拆分法"，所以他们总需要别人一步一步去指导。那么想要改变现状，就是让他们自己掌握让复杂问题简单化的"拆分法"。

专栏说

什么是拆分法，它在学习中如何体现？

1.拆分法。简单来说就是把一个需要好几步才能完成的问题，拆分成一步一步的小问题，然后通过完成每一个小问题，最终完成大问题的学习方式。它在不同的学科中有着不同的体现。

2.在语文字词学习中的体现。在语文学科不同类型的问题中也有不同的体现。如："垚"这个字，在识记和书写的时候可以把它拆分为一个大"土"和两个小"土"，再观察一些细致的书写变化即可。

3.在理解感悟学习中的体现。如在《我是一只好狼（二）》的绘本学习中，有这样一个问题：是什么改变了狼的行为，让它决定不吃小鸡？答案是"爱"。可是你不一定一开始就能看到爱，你可能看到的是最直接的改变行为——小鸡的吻，那么你可以思考，小鸡的吻代表什么，你在非常（怎样）一个人时才会亲吻他？这样"爱"这个字就自然而然地出来了。

4.在数学学习中的体现。如这样一个问题：一本书共360页，小红每天看40页，目前已经看了6天，那么她还需要几天才能把这本书看完？这个问题对于略有困难的孩子就不能通过记忆一下子解决出来，这样就可以一步一步去拆分，6天看了多少页？还剩多少页？有几个40？这样拆分下来，问题就变得简单了（简便运算用的也是这种拆分法）。

拆分法在学习中的体现非常多，它几乎无处不在，只要你善于去思考和分解，那么一些看起来特别复杂的问题就会变得异常简单，你若用好它，就等于多了一个简便器。

素素老师贴心建议

怎样才能掌握让复杂问题简单化的"拆分法"？

1.敢于挑战，善于思考，不畏惧困难。越复杂的问题，解决起来就越是困难。所以当你遇到它的时候，不要因为它的复杂就选择放弃，要有敢于面对它的心理。然后用心去思考解决办法，尝试用已知的知识去慢慢解答它。如：让你把一个反问句改成双重否定句，你可能没有直接改过，但是你可以先把它改为陈述句，然后你就会发现陈述句改为双重否定句你是学过的。这样一个问题就被解决了。

2.勤于动手。当你看到一个复杂问题的时候，可能不会一下子想到它的解法，那么你要随时把自己想到的有关解法记录下来。如果用到拆分，每个步骤也要详细地记录下来。

3.善于学习。如：在课堂上，你问了老师一个复杂的问题，老师并没有直接把答案告诉你，而是会详细给你指导解题的方法与步骤。而老师的每一次指导，其实都是在对这个问题进行拆分，你要记住这种方法，下去之后，自己再找类似的问题去解决，以便更好地掌握老师所讲的方法。

4.善于归类，做到具体情况具体分析。拆分法是一种将复杂问题简单化的方法，但是这个方法本身并不简单。它在不同的学科、同一学科的不同方面，有着不同的呈现方式。在学习时，你要善于归类，根据具体学科具体情况去运用，如果有必要，可以用一个本子记录下来。

美国思想家爱默生说过："任何事物都不及'伟大'那样简单；事实上，能够简单便是伟大。"学习也是如此，能够简单便是效率。

06
强化知识的"联想法"

一到复习阶段,晓晓就成了笔者颇为头疼的一个孩子,因为他实在是快得过分,任务完成得非常快,往往一节课要单独给他布置三到四次的任务。他不仅快,而且对知识的掌握特别牢固,以前学习的知识,他几乎一点儿没忘,全都能准确无误地说出来,仿佛有过目不忘之能。老师们一致认为他完全没有复习的必要。

这样的晓晓常常被大家称为"天才小子",被叫得多了,晓晓反倒害羞起来。竟然专门来找老师想要取消这个称号,原因是他觉得自己不是天才。有老师打趣他,不是天才怎么会过目不忘。他说那太简单了,后面学的本身就和前面的有联系,经常用自然不会忘。这句话让老师们对"天才小子"更加刮目相看。

之前大家都以为晓晓是聪明,没有想到他居然还有方法。于是，老师们一致决定让晓晓把他的学习方法分享给同学们。

晓晓的分享通俗而简单，就是通过举例告诉同学们很多时候学过的知识都会重复出现，解决新问题也往往会用到旧知识，所以学习的时候只要多想一想，往前看一看，顺带就把复习这件事情也做了。

老师们在一起做了系统的讨论，其实晓晓所说的学习方法就是强化知识的"联想法"，这种方法若是每个孩子都能掌握并运用到学习中，那么学过的知识将会在无形中被强化，复习也会变成一件特别省力的事情。

专栏说

什么是强化知识的"联想法"？它在学习中如何体现？笔者来告诉你。

1.强化知识的"联想法"，就是在学习新知识时，关联到了之前学习的旧知识，借此对旧知识进行了回顾,又将其在新知识中再次运用,从而使知识达到强化的一种方法。这种联想叫作类比联想或者比较联想。如:在学习老舍的《母鸡》这课时,你学习了欲扬先抑的写作手法。后面再学习丰子恺的《白鹅》时,又涉及这种写法。那么在感受这一写法的作用时,《母鸡》就是很好的示例,你可以通过联想回顾,找到共同点,来解决新的问题。

2.强化知识的"联想法",不仅仅是对旧知识的联想,它可能是你在学习到比较抽象的知识时,通过对与其内容相似事物的联想,从而达到强化理解的作用。这种联想叫作画面联想。如:在朱自清的散文《绿》中写道:"那醉人的绿呀,仿佛一张极大极大的荷叶铺着,满是奇异的绿呀。我想张开两臂抱住她;但这是怎样一个妄想呀……脱不了鹅黄的底子,似乎太淡了。"在学习这段时,你就必须通过感觉、视觉、触觉去进行联想,才能得到深切的体会。

3.强化知识的"联想法",还表现在通过对相似知识的分析，从而学习到新的知识。这种联想叫作接近联想。如：在分数和小数加减混合运算中，分数与小数是不能直接运算的。必须把分数化成小数，或把小数化成分数后才能计算。在学习中，当你掌握了"当一个算式里的每一个分数都能化成有限小数来计算比较简便"的规律后，你却在新的学习中遇到了分数不能化成有限小数的情况。这个时候只能通过把小数化成分数来解答了。那么你就可以得出"如果算式中的分数不能化成有限小数，则把小数化成分数再进行计算"的知识。

  强化知识的"联想法"在学习中的体现方式非常多，几乎每学习一个知识都能够用到某一种或者几种联想的方法。只要你善于观察思考和利用，它会让你的学习效率事半功倍。

素素老师贴心建议

在学习中如何掌握和运用强化知识的"联想法"？

1.**有意识地去培养联想的习惯。**起初没有这种意识的时候，你可以写一些提醒自己时刻注意联想的纸条，如：联想一下，问题就解决了。贴在自己经常学习的地方加以提醒。这样每当遇到自己不会的题目时，你就会尝试用联想的方式解决。

2.**预习时，可以专门为自己制作一个预习联想卡。**如：语文的预习，你制作一个预习联想卡，从字词句篇章每个类型中挑出一个典型的记录下来。打个比方，在预习《赵州桥》这一课时，你发现"赵州桥不但坚固而且美观"是一个承上启下的过渡句，这样的句子你在之前的课文中也见过，就可以记录：看到+现在的句子，我想到了+以前的句子，它们都是过渡句，作用都是……（每个类型挑一个去记录，其他学科也一样）

3.**学习新课时，多前思后想。**知识都是具有关联性的，这一点在数学课堂上体现得尤为明显。数学的学习往往前后联系非常紧密，若是在数学课堂上，你感觉到新知识的学习非常吃力，就可以翻书回顾之前相近的知识，用类比或者接近联想的方式去解决问题。

4.把用联想这种方法解决过的问题做好标记。一两个月之后，你可以把这些所有做标记的知识回顾一下，总结自己都用了哪几种联想方式，带来了哪些收获。然后把这些总结记录下来，为之后更好地运用这种方法打基础。

美国著名管理学家泰勒说过："具有丰富知识和经验的人，比只有一种知识和经验的人更容易产生新的联想和独到的见解。"——你要学会用联想来让你的知识更丰富。

07
利用记忆曲线，
转短时记忆为长时记忆

笔者初次给孩子们上作文课，印象最深的是写作文环节，那个环节与其说是在写作文，倒不如说是在识字写字。因为一节课下来，笔者不停地在解决孩子们关于某个字该怎么写的问题。后来，笔者要求人手一本字典，并且把查字典的方法重新教授了一遍，这个问题才算是解决了。

不过，后来笔者才发现，问题并没有从根本上解决。因为在字词方面，他们不仅是对于没学过的不会写，学过的还会经常忘。这种"经常忘"导致识记部分的教学尤其困难。古诗与生字今天错了这个字，教会之后，明天那个字又忘了，就这样反复出错，让人无奈。

这个问题不仅困扰着笔者，还困扰着很多老师，以及很多存在这一问题的孩子。大家甚至还为此专门找了那些孩子就这个问题专门聊了聊。而每个孩子所说的大同小异：

我也很想把那些字都写正确，也用了很多办法去识记它们，也确实是学会了、记住了。可是这个识记的时间总是超不过三天。我也不知道为什么，感觉它们就像是氢气球，不知道哪天一个不留神，它们就从我的脑子里飞走了。而且它们飞走毫无征兆，有时候明明觉得自己记得的，然后就是写不出来，我也想永远把它们记在心里呀！

从他们的口中和平时的表现中，不难看出，他们的问题确实不是记不住，而是记住了，储存的时间却很短，心理学上把他们的这种记忆叫作短时记忆，与其相对应的还有一个长时记忆。要想把短时记忆转化为长时记忆，就要利用好记忆曲线。

专栏说

那么记忆曲线是什么呢?

1.记忆曲线是德国著名心理学家艾宾浩斯通过一系列实验所得出的结论。结论表明:人在刚刚记忆完毕时,保持的记忆是100%,20分钟后是58.2%,1小时后是44.2%,1天后是33.7%……1个月后只剩下21.1%了。

2.根据这一结论,艾宾浩斯绘制了一个揭示遗忘规律的遗忘曲线。此曲线告诉我们,遗忘的进程不是均衡的,它呈先快后慢的趋势。即它不是固定地一天丢掉几个,转天又丢掉几个,而是在记忆的最初阶段遗忘的速度很快,后来就逐渐减慢了,到了相当长的时间后,几乎就不再遗忘了。

需要注意的是艾宾浩斯记忆曲线并不是每个人都一样的,这条曲线,与人的生理特点、生活经历和年龄有关,也与你不同的记忆习惯、记忆方式、记忆特点、记忆内容有关。因此,在学习中,你要根据自身情况，认真观察，发现属于自己的记忆和遗忘曲线，然后利用它去将短时记忆转为长时记忆。

素素老师贴心建议

关于如何利用记忆曲线，转短时记忆为长时记忆，你可以这样做。

1.准备一个错题本，标注清楚日期，将每天的错题记录下来。一周之后，将自己的错题本与课堂作业本对照，找出一些在课堂作业本上是正确，但在错题本上却出现了的题目，并分别记录下此题目在课堂作业和错题本上出现的日期，并计算出日期差。如："茅檐"这个词是9月2日学习的，当天的课堂作业是正确的，但是在9月4日的练习中，这个词你却出错了。那么它的日期差就是2天。

2.通过一段时间的记录，观察自己不同学科、不同知识的错题日期差，然后根据这个日期差来绘制一条属于自己的遗忘曲线（可参考网上艾宾浩斯的遗忘曲线），并简单总结自己的遗忘规律。这个曲线可以做具体一点，可以每个学科做一条曲线，也可以根据不同的知识类型来做一条曲线，越能具体反映你的遗忘情况越好。

3.根据自己的遗忘规律制定复习计划表。此表的制定可以参考艾宾浩斯的记忆曲线复习计划表（网上可以下载）。表中含有短期记忆复习周期和长期记忆复习周期，原表的短期复习周期为：5分钟、30分钟和12个小时；长期复习周期为：1天、2天、4天、7天、15天，1个月、3个月和6个月。而你制定的复习周期要根据你的遗忘曲线来确定，那些数字是可以根据你的情况来替换的。

> 费曼曾说过:"我发现,在同一起跑线上,主动学习的人在10年后会超出被动学习的人至少两个社会阶层。"——认识记忆曲线,并利用它转短时记忆为长时记忆,就是一种主动学习。

08
让学习效率瞬间提高无数倍的"以教代学法"

班长兰兰责任心强，各方面的学习也特别好，是全班同学的好榜样，也是老师的好助手。平日里，老师忙的时候，会让她给一些学习能力较弱的孩子讲题。她也讲得非常细致耐心，同学们也能听懂。偶尔，老师还会让她在班上讲一些简单的知识，她完成得也很出色，大家都叫她兰兰小老师。

在老师眼里，这是知识的一种复习，也是能力的一种锻炼，所以并未觉得有什么不妥。可是，一次家长会结束后，兰兰妈妈专门找到笔者，表示不希望兰兰把时间浪费在给同学们讲题这件事情上，她想让兰兰有时间的时候多做些题，或者复习一下知识，来提高自己的学习成绩。她说这也是兰兰本人的想法。

其实像兰兰这样的孩子,每个班都有不止一个,老师在让他们做小老师给别人讲题的时候,完全没有想到那是在浪费时间,因为在老师眼里把学会的知识教给别人,是一种能够让学习效率瞬间提高无数倍的方法——"以教代学法"。很多优秀的孩子之所以越来越优秀,也是因为得益于"以教代学法",而一些学习能力弱的孩子,甚至还会专门用这种方法来提高学习效率。

因为习惯的原因,老师们总是忘记把这些告诉给孩子们,所以才会造成像兰兰妈妈这样的误会,让他们错误地认为教别人学习是浪费时间。为了避免再次出现这样的误会,笔者在和兰兰及其妈妈详谈之后,也顺便给班上所有的孩子普及了"以教代学"这一方法,希望它能够帮助每个孩子提高其学习效率。

> **专栏说**

那么什么是"以教代学法"？它在学习中是如何体现的呢？

1. "以教代学法"，是指你在学会并了解知识之后，用自己的视角对其进行重新解读，然后把它教授给别人。这种教，有时候可以代替学习本身。通俗来讲，就是你把自己当作老师，当你把要学习的知识给别人讲会了之后，那这个知识你就没有再去学习的必要了，它甚至可以作为你究竟有没有彻底学会知识的一种评价标准。

2. "以教代学法"在语文学习中的体现。如：柳树的枝条就好像无数根绿色的丝带一样这个比喻句，这个句子有什么作用。假设在这之前老师已经给你们讲过比喻句的作用为把什么比作什么，形象生动地写出了+事物+特点。若是你来做这道题，那么你只需利用这个套入即可，若是你要给别人讲解这道题，你肯定不能直接给对方说出答案。而要讲过程，那么这个过程其实就是形成老师所讲那个句式的过程。这样你在教别人的同时就理解了一个公式的来源。

3. **"以教代学法"在数学学习中的运用**。如：5001-247-1021-232这道题要求用简便运算计算，在你听懂的时候，你一看到这道题，你就知道该怎么做。可是当你作为老师给别人讲的时候，你就要把整个观察和思考的过程讲述出来，而那个过程就是所有解答简便运算习题的过程。

"以教代学法"在学习中的运用无处不在，不过归根结底，它是一种身份的转化，就是把你从学习者的身份转换为讲授者。在讲授的时候，你需要回忆老师讲的情景，甚至老师说的每一句话，然后再用自己的思维进行整合，最后用别人能够听得懂的方式讲出来。这个过程是极其复杂的，它不仅需要你对知识的熟练掌握，还考验你的吸收、思维、输出能力，对学习效率的提升十分有益。

沉浸式学习法

素素老师贴心建议

不同学习成绩的孩子该怎样利用"以教代学法"来让自己的成绩瞬间提高数倍呢?

1.**对于学习成绩较好的孩子**。若是你的学习成绩本身就比较好,那么在任务完成之后,试着去帮助那些学习有困难的同学。若是课堂上老师给出讲题的机会,要勇敢站出来去尝试,感受一下教别人的感觉(如果你觉得这是在浪费自己的时间,你可以通过一段时间的实验,用学习效率来验证,看教知识是否会影响自己学知识)。

2.**对于学习成绩一般的孩子**。若是你的学习成绩一般,在学校里没有机会去尝试。那么你可以在家里进行模拟教授。最初,你可以选择你认为在课堂上掌握较好的一个知识点进行尝试,你可以对着镜子,讲给镜子里的人听,也可以选择使用手机录音或者录视频的方式。讲完之后,自己再去当听众,看看哪里听不懂，然后再改进。再进行第二遍讲授，直到你觉得自己能够听懂为止。当掌握最好的知识点尝试一段时间之后，你可以选择掌握不太好的知识来尝试。

  3. 对于学习成绩较差的孩子。若是你的学习成绩较差，那么你用这种方法的目的就是掌握知识。在最初阶段，你可以选择较为简单的知识。如：语文一个较为难写的生字的写法；数学一道简单的计算题。若是在刚开始讲述这些时你还觉得困难的话，那么你可以先搜索一些相关的讲述视频，并把视频中的讲述方法记录下来，坚持先背几段讲述的内容。然后再从模仿开始，先模仿别人去讲，这个阶段熟练之后，你就可以用自己的方式去讲了。

  4. 无论学习成绩好与不好，这个方法在课前预习中都可很好地使用。你可以根据自己的学习情况，选择自己能够挑战的知识，模拟讲述场景，或者把它讲给你的家人听，直到对方听懂为止。

《费曼学习法》中有这样一段话:"通俗地说,验证我们是否真正掌握了一种知识,就看能否用直白浅显的语言把它讲清楚。——请记住,用"以教代学法"在教时,一定要用最浅显易懂的语言来讲述。

09
多元化全方面尝试，总能找到最合拍的学习方式

渊渊奶奶是笔者带这个班之后接触到的第一个家长，报到那天，她一直等到最后，目的就是向笔者说清楚渊渊的情况。渊渊的父母离异了，他跟着爸爸，爸爸常年在外，所以大多数时间他都是和奶奶在一起度过的。奶奶对他很上心，可是渊渊的成绩不尽如人意，她希望笔者能够对孩子多加关注。

在与渊渊奶奶交谈期间，笔者时不时地看向渊渊，他一直在笑，特别灿烂的那种，感觉就像冬日里的阳光，给人的印象与奶奶说的好像完全不搭。渊渊确实是一个像太阳一样的孩子，活泼、开朗，但同时他也像奶奶说的那样，成绩不尽如人意，虽然并不是特别差，但和老师与奶奶的预期效果相比较，还是差了一些。

渊渊奶奶经常与笔者交流，她对渊渊各方面的学习都较为上心，各种有关学习的书籍也买了很多。而渊渊呢，课堂听讲特别认真，作业又每次都按时完成，这样一个孩子，总觉得他应该是班上的佼佼者，可是他离佼佼者这三个字还有一定的距离。

所有外在环境都很好，那么就要从内在找原因。笔者专门找渊渊聊了聊，问他对那些培训班的看法、奶奶和老师教育方式的看法、学习的看法等一系列问题。

别看渊渊平时嘻嘻哈哈的，心思还挺细腻，上来就直指问题的关键：老师，您是不是觉得我是因为反感那么多的培训班和奶奶的教育方式，才故意假装努力学习，所以效果才不好的呀。我虽然小，但是分得清谁对我好，我自小在奶奶身边长大，她对我的爱，她为我的付出，我全都看在眼里。奶奶报的班、买的书，我都非常认真地在对待，我是真的很努力。至于效果为什么不佳，可能是我还没有找到真正合适的学习方式，不过我都尝试了那么多，总能找到合适的吧。请您和奶奶都再给我些时间吧。

渊渊懂事得有些让人心疼，其实在学习上，学习效果与努力不成正比的不止他一个孩子,而他们之所以会出现那种情况,就是因为渊渊所说的没有找到适合他们的学习方式。这个问题需要多元化全方面去尝试才能解决。

专栏说

那么多元化学习方式获取的途径都有哪些?该如何将这些途径与你的学习接轨?

1.网上搜索。如:语文关于古诗词的学习方法在网上就有很多种。你可以去搜索,然后比较每个网站在讲解时,方法的不同之处(如:品读感悟法、情景创设法、形象理解法、故事讲解法,还有抓关键词感悟法等)。然后把这些方法都记录下来,再次学习古诗词时,你可以拿出这些方法,试着去尝试运用这些方法学习(每个人的学习情况不一样,在搜索时,你可以选择自己掌握较为困难的知识类型来学习。举的例子中的古诗词可以被其他问题替换)。

  2.从书上去获取。关于介绍学习方法的书籍，网上和书店里都有很多，在选择的时候，你可以先去浏览目录，试读一些样章，选择适合你情况的去购买。如：你觉得自己的思维能力特别不好，那么你就可以找有关提升思维能力的书籍去学习；你觉得你的习作能力特别差，你就可以找提升习作方法的书籍去学习。当然不同的书籍讲述的方法也不尽相同，所以在阅读时你还是要做好一些方法的记录，然后在遇到问题时，尝试着去运用。

  3.向身边的人请教。这里说的身边的人，包括老师、家人、同学，这是你最常接触到的人。当遇到学习困惑或者困难的时候，你可以向他们请教，在他们给你讲述的过程中，肯定会有方法的流露，这个时候你若能捕捉到与自己不同的方法，就可以把它记录下来。

  4.报一些相关的技能培训班。这种途径的获取，目的性较强。如：你若是想学习关于诵读方面的方法，那么就选择口才班；你若是想学习唱歌方面的技能，那么你就选择声乐班。这种方式的获取比较直接，但是你首先要明确自己的学习目的，然后通过比较去选择。

多元化学习方式获取的途径非常多，在获取时一定要结合自己的需求，有目的地去筛选适合自己的，然后把一些新奇的学习方法记录下来，再在平时的学习中去尝试运用。

素素老师贴心建议

如何确定哪种学习方式是最适合你的呢？

1.多尝试。当你的本子上记录了很多的学习方式，而你又不知道哪一种最适合自己时，你就一一去尝试，把自己觉得用起来最省时又省力的方法记录下来。

2.**具体问题具体分析**。如：你记录了很多学习生字的方法——字意识记法、象形识记法，辨别识记法，组合识记法。那么学习"贺"这个字，可能组合识记法效率更高；"休"这个字，你又觉得字意识记法效率更高。和生字的学习一样，同一类型的知识，在不同的情况下，学习效率最高的方法也不一样，在你掌握了足够多的方法之后，就要具体问题具体分析。

3.**借助内在的感觉**。如：在数学课上，老师讲了一种解决问题的方法，但是听完老师的讲解之后，你的心里总是浮现出另一种在别处看到的方法，而且经过尝试之后，你自己觉得这种方法用起来更加顺手，那么它就是适合你解决那种问题的学习方法。

4.**借助外在的评价**。一旦找到最适合自己的学习方法，你的学习状态和效率就会大有不同。这种不同可能你自己感觉不到，但是身边的人会感觉到。所以若是你在学习中发现自己得到的掌声和赞美越来越多，那么你可能已经在无形中找到并运用了适合你的方法。

第二章　沉浸式学习的方法

> 费曼曾说过:"我们要善于通过学习来'懂得学习',要掌握这种能力,就必须在学习中建立自己的思维框架。"——找到自己的学习方法,从不断学习和尝试开始。

Chapter 3

第三章

沉浸式学习的心理

01
放心，任何时候努力学习都不是一件错事

班上来了一位特别"勤快"的孩子——洋洋。自从他来了之后，班上的值日生可轻松了不少，擦黑板、扫地、倒垃圾……这些活儿他全包了，甚至都不用人提醒。难得的是他的"勤快"还会外延，帮老师抱作业，打扫办公室，这些没有人要求，全都是他自己主动去做的。

可就是这样一位"勤快"的孩子，在学习上可一点儿也不勤快，他特别不爱写作业，上课的时候不是在睡觉就是在捡教室里的垃圾。老师提醒他好好看会儿书，把字写一下，他都装没听见，依然自顾自地做自己的事情。大家都说他的耳朵和眼睛会自动屏蔽一切有关学习和要求他学习的信息。

由于洋洋是从外地转来的，笔者没有办法向之前的老师了解他的学习情况，家长也不在身边，平时总在托班，周末才会由年纪较大的奶奶接他回家。而他在辅导班的情况和学校里如出一辙。找洋洋了解情况，一提到学习，他就沉默不语。

尝试了多次，洋洋终于愿意和笔者谈学习的事情了。他说父母一直不在家，自己特别贪玩，又没有人管，不知道什么时候成绩就落下了。等他想起学习的时候，不仅什么都赶不上，还常常被同学嘲笑，他觉得自己这辈子已经错过了学习的时间。

原来一直自动屏蔽一切与学习有关信息的洋洋并非不想学习，而是觉得现在开始学习已经晚了。这是他心理上对学习时间的错误认识，要想改变他的行为，必须让他知道，任何时间努力学习都不晚，更不会是一件错事。

专栏说

那么如何才能改变类似"错过学习时间"这样的错误认识呢?

1.**不回避问题,善于表达**。当你的老师开始关注你,并且不止一次主动找你去了解情况的时候,不要闭口不言,一定要将自己心里的真实想法告诉老师。如果你确实因为某件事情,如某个同学的嘲笑而在心里留下了阴影,你可以告诉老师你不太想谈论这个问题,等你准备好的时候再去找老师。只有你去表达,老师才能知道你不想学习,或者不想谈论学习的原因,才能帮到你。

2.**捕捉知识运用的每个空间**。如:当你心情不好,又无从倾诉的时候,你会想用写日记的方式来发泄;或者当你有些想对老师说的话,觉得无从说出口的时候,你会想到写纸条的方式;或者当你去买东西的时候,你会用到简单的数学知识……每当这个时候,千万不要因为不会写某个字而放弃,不会写哪个就学习那个，但凡用到的时候，你就去学习。久而久之，你自然会明白：学习的知识只要还能在以后用到，那么现在学习就不晚。知识和时间没有多大的关系。

　　3.淡化消极影响，强化积极影响。你的身边可能会有各种人，对你的一些行为进行评价。有肯定，也会有否定。如：一向都不学习的你，突然开始看书了；一向不交作业的你，突然开始交作业了……起初，这些事情，你可能做不好，被有的同学打趣甚至嘲笑。这个时候请忽略他们，多听一些鼓励你的话，必要的时候可以用贴纸条的方式来提醒自己。

　　4.学会寻求帮助。当你遇到自己不能解决的问题或者疑惑时，你要积极去找老师或者你认为能够帮助到你的人去寻求帮助，而非自己独自忍耐。

　　由于自身承受能力和成长环境的不同，使你对学习的认识和理解不同，产生的问题也不同。不过，无论何种问题，一定要善于面对与交流，找老师寻求帮助，这样问题才会得到解决。

沉浸式学习法

素素老师贴心建议

对于那些因为各种原因而落下很多知识的孩子，改变错误认识之后，该怎样着手去努力学习呢？

1. 从兴趣入手，体会学习的趣味性。 如：热爱绘画的你，可以把所有的知识都融入绘画中。可以把用语言文字为你画的画写个小故事，也可以把你学到的课文变成一幅画；可以把画编成一道刚学过的数学题，也可以把计算题目画成画；可以用英语单词给你的画做标注……（热爱什么就把什么与学习相结合，自己喜爱的事都可以用绘画代替）

2. 从生活入手，体会学习的生活性。 知识与生活往往息息相关。如：9月初的语文课文都与秋天分不开。五年级的《桂花雨》、三年级的《秋天的色彩》，都与那时你所看到的、闻到的相吻合，你在学习的时候就可以亲身走到生活中去感受。如：闻完桂花的香味之后，你就去品味描写桂花香味的句子，读完"摇桂花"的部分，你也可以自己去摇一摇桂花，亲眼看看书中所描绘的场景。

3. 根据自身情况，制订学习计划。你的学习计划，一定要符合自己的特点，如果你也是洋洋这样的孩子，刚刚才开始学习，那么你就可以制订类似这样的计划：周一，能够给老师写一封信，告诉他你的变化；周二：能够学会写身边同学的名字；周三：能够学会今天所有可以用到的知识……（这个计划不要那么常规，让它也具备生活性和趣味性）

4. 树立正确的学习动机。你的学习从趣味和生活入手，那么它依然服务于趣味和生活，最初的时候不要拿学习成绩去和别人比，也不要在意测试的成绩，时刻谨记自己的学习动机就是完成那些简单的事情。

5. 善于分享。每完成一个你制定的目标，或者学会一样东西，及时把它分享给时刻鼓励你的人听，他们的赞美会让你更有动力。

> 法国著名哲学家卢梭说过:"生活得最有意义的人,并不是年岁活得最大的人,而是对生活最有感受的人。"——学习也一样,体会到它乐趣与意义的人并非开始早的人,而是对它用心的人。

02
当别人问你的老师怎么样时，严厉和不严厉可不是最好的答案

妞妞最近常常闹着不去上学，原因是她新来的数学老师太厉害了，而她的数学成绩不太理想，她因此常被点名。妞妞是笔者姑姑家的孩子，性格特别开朗，亲朋好友都喜欢逗她，其中笔者听得最多的就是：

"你最喜欢哪个老师？"

"语文老师，因为她不厉害。"

"你最喜欢上哪门课？"

"语文课，因为语文老师不厉害！"

"你的新老师怎么样？"

"其他老师都挺好的，就是数学老师不好，他太严厉了！"

严厉和不严厉，好像成了妞妞评判一个老师的唯一标准。但凡她喜欢的都是不严厉的，但是她喜欢哪个老师，哪

个老师所教科目的成绩就总是不太理想，她的数学成绩之所以不理想，就是因为之前的数学老师都是她喜欢的老师。

虽然这个现象妞妞妈妈也早就发现了，甚至还经常这样打趣妞妞：喜欢数学老师，为什么数学还是学不会？但是谁也没把这个现象当一回事，直到这次妞妞闹着不去上学，她妈妈这才着急重视起来，赶忙到学校了解情况。

从学校了解的情况来看，妞妞所谓的严厉不过是老师经常板着一张脸，声音略微有些大，表情比较丰富；而她口中的经常被点名，也不是被批评、讽刺、挖苦，而是因为她不会，老师经常提问她，有时候错了，还会追问原因。拿现在这位数学老师的教学，与之前老师的教学对比，使妞妞给他下了一个"严厉"的评价。

了解完情况的姑姑还给妞妞上了一课，说老师没有问题，是她的问题，妞妞特别委屈，含泪反抗：

他就是严厉，可能对别人不严厉，对我就是严厉。就是因为我的数学成绩不好，他就故意为难我、提问我，让我在同学们面前难堪。我以前数学成绩也这样，可那个老师就不会这么为难我。

第三章　沉浸式学习的心理

听了妞妞的这一番话，笔者忽然明白：那些把严厉和不严厉作为评判自己老师唯一标准的孩子，确实会产生很大的问题，比如妞妞。

这些孩子不仅习惯了用严厉与不严厉来评判老师，而且还在心里与以前老师作参照，给严厉与不严厉下了定义，这个定义根深蒂固地扎在他们心中。让他们对老师的认识单一，扭曲一些老师正常的行为，对学习产生了极大的影响。要想改变，就必须纠正其对老师的评判标准，全面认识老师，正确看待老师的行为。

专栏说

那么如何才能纠正学生对老师的评判标准呢？这些知识你必须知道。

1.正确认识老师。你要知道老师和你一样首先是一个人。一个人就会有属于他的性格、习惯、兴趣……评判他的词汇有很多，如：有趣、文静、活泼等，所谓的严厉和不严厉不过是一种你看到的表象，它绝对不能成为评判一个人的标准。

2.纠正自己的错误心理。用严厉与否来评判一个老师，而且遇到不严厉的老师时心里会特别放松，甚至偷偷高兴，那么你就要注意了。因为你的潜意识在告诉你，老师不严厉就可以在他的课堂上随意开小差。

3.对学习要有正确的认识。你要时刻提醒自己学习是为了获取知识，而不是完成谁交代的任务。那么老师的严厉与否其实与你就没有多大关系，你的关注点就会自然而然地放到对他所讲知识的方式上。

作为学生，你要时刻提醒自己学习的目的，当发现行为与目的有偏差时，就要抓紧时间去纠正。这样你对老师的评价就会变得多元化，甚至还会从知识的获取上去评价，严厉和不严厉也就会被抛之脑后了。

素素老师贴心建议

关于如何全面认识老师，正确看待他的行为。你可以这样做。

1. 从课堂上去观察老师。一个老师的讲课风格，往往和他的性格息息相关。如：一个在课堂上特别注重细节的老师，那么他一定是心思细腻的人；一个在课堂上特别注重学生参与互动的老师，那么他一定是活泼的人；一个在课堂上特别注重强调创设趣味性情景，调动学生积极性的老师，那么他一定是特别有趣的人。

2. 在课下去关注老师。课堂是教学中老师的样子，课下是生活中老师的样子，课下的老师更能反映他的性格。如：你的老师把课下的大半时间都用在读书或者体育运动上，那么他一定是一个喜欢读书或者运动的人；你的老师把课下的大半时间都用在批改作业或者与学生谈心等工作上，那他一定是一个对工作特别认真、对孩子特别有爱心与耐心的人。

3.不要去刻意比较。你一定讨厌你的父母拿你与别的孩子进行比较，换位思考，不要去比较别人，每个人都有自己的特点，比较是一件让人不舒服的事情。如果你的老师做了之前老师不会做的事情，如：因为成绩差经常提问你，因为作业写不完，经常叫你去补作业……你要做的不是去想之前的老师如何，而是去思考他这样做的目的何在，对你有何好处。

4.当你对老师的行为不理解时，主动去和老师交流，不要一味站在自己的角度去想问题。这样可以避免将一些小问题放大。如：妞妞这件事，她只是单纯地自以为怎么样怎么样，然而在老师眼里，这是对她的关心与关注。假如当她对老师这种行为感到不舒服时，及时去和老师交流。那老师一定会给她解释，这样单方面的误会就不会出现了。

> "路遥知马力,日久见人心。"——认识一个人不是一件简单的事情,认识一个老师也是如此,所以不要用"我觉得""我以为"去认识和评判你的老师。

03
不要拿内向当课堂不发言的借口

　　小北是一个特别清秀文静的男孩，平时不大爱说话，上课也从未主动举过手，偶尔叫他起来发言，声音低到没有人能够听清楚。大家对他的评价就是：这个孩子太内向了。

　　可是这么一个内向的孩子，却特别容易与同学发生矛盾。矛盾不大，无非就是同桌拿他东西，或者打了他几下。可是，他从不把这些矛盾告诉老师，总是等回到家里去告诉妈妈。所以，笔者得知这些矛盾，都是从他妈妈那里。他妈妈总是告诉笔者，小北太内向，容易被欺负，让笔者给他换一个"慢"一点儿的同桌。但是，不管小笔和谁坐，都会出现类似的问题。

　　笔者刚开始觉得小北的问题不是他自己的，而是他同桌的。于是，将他的那些同桌们询问了个遍。出乎意料，他们口中的小北，与老师眼中的小北完全不同。他们说小北特别淘气，课堂上小动作不断，总是影响别人学习，还动不动就翻他们的东西。

这些同桌，笔者是一个一个叫进办公室的，所以当他们每个人都那么评价小北的时候，笔者不得不信，于是将问题的中心指向小北，问他是否确有其事。而小北的态度与在课堂上一样，要么不说话，要么说话声音很低，谁也听不清，多追问两句，他的眼泪吧嗒吧嗒就下来了。无奈之下笔者请了他的妈妈，见了妈妈之后，他哭得更凶，仿佛受了极大的委屈。

他妈妈见状，无奈地说：这孩子就是太内向老不说话，在家里也是这样，遇到事情也不说，就知道哭。

这一次笔者从小北妈妈口中了解到了他更多的情况。小北是家里的独生子，比较受宠，家人无论什么事情都依着他，就算是批评也小心翼翼，只要他一低头不说话，或者一哭，家人立马就开始哄他。

这下笔者算是明白了，原来小北的内向完全是一种被爱给惯出来的假象，他是被内向的，身边人把他一切不合理的行为都归结为内向。让他觉得他确实内向，而在他眼里，内向就是不说话，它可以解决一切问题，甚至抵消自己的错误行为。那么要想改变他，就必须先让其在心理上正确认识内向，明白自己的不合理行为和内向没有关系，而且那些行为是可以改变的。

> **专栏说**
>
> 那么怎样才能让小北那种孩子在心理上正确认识内向？明白自己的不合理行为和内向没有关系呢？
>
> 1.认识内向。内向简单来说，是指性格、思想感情等深沉、不外露，内向的人不轻易发表意见，但不等同于在需要说话的时候不说话，甚至声音特别低。
>
> 2.认识真正内向的孩子，观察他们的行为。你

可以看一看班上那些不轻易发表意见、经常安安静静地坐在那里的孩子，观察他们上课被老师点到名字时是如何回答问题的，在平时又是如何与其他同学相处的（这里如果你也找不到那样的同学，可以寻求老师的帮助，甚至可以让老师把他安排到你座位的旁边）。

3.观察你认为比较外向的孩子。你可以看看在你眼里那些外向的孩子和你在行为上有没有相同的地方，若有，把它记录下来。

4.回顾自己的行为，对比你之前观察的记录。对比之后，你就会发现，内向的孩子他们在需要表达的时候，会很清晰地去表达自己，如课堂点名发言。而你觉得外向的孩子和你这个自认为内向的孩子有很多的共同点。这些共同点就是在提示你，你对内向的认识是错的。

5.做好反思。在意识到你对内向的理解有误时，你把自己平时的一些行为习惯罗列出来，如：在课堂上不爱说话；被批评的时候只知道哭，不说话；说话声音比较低；有时候自己的东西不见了，刚巧在同桌那里看到一模一样的，就会觉得这是他拿你的……这些细节问题，然后思考这些行为和内向本身有没有关系，若有在后面打对钩，若没有，标记叉叉。

这样通过不同角度的观察、记录与反思，你很快就会对内向这个词有正确的认识，也更容易发现自己的问题，明白那些不合理的行为与内向本身并没有多大关系，从而认识到你的问题所在。

素素老师贴心建议

那么在意识到问题之后，你怎样改变自己那些不合理的行为呢？

1.与家人做好约定，取消不合理行为带来的好处。如：之前在家里，你只要不说话，或者哭，即便有错,他们也会反过来哄你。这些习惯,你一时难以改变,你可以告诉家人,以后你再出现这种行为时,他们可以对你置之不理。

2. 制定惩罚措施,出现不合理行为时,适当予以惩罚,这个措施可以叠加。 如:在家里向爸爸妈妈闹一次脾气,少玩30分钟自己喜欢的游戏;1周内累积2次或者2次以上,那1周不能玩自己喜欢的游戏。在学校也是如此,可以用在一定时间内出现的不合理行为越多,惩罚越重的方法。

3. 养成换位思考的习惯,不总是以自己为中心。 如:当你在很用心地补作业时,你的同学非要和你玩,你特别烦,推了他一下,想让他离你远一点儿。可他却回推了你一下,这样你们就打了起来。老师批评是你先动的手,你觉得自己特别委屈。这时候你可以去听一听对方的解释,或许他只是觉得想和你玩,并不知道你当时很烦。

4. 不向不合理的行为妥协。 如:你今天和妈妈闹了脾气,做错事时,又用了不说话只哭的方式。

按照惩罚措施，你本来要少玩30分钟自己喜欢的游戏。可是你觉得就一次没什么，所以就不接受惩罚。这个一定要特别提醒自己，只要是不合理的行为，再小的事也不能妥协。

英国著名哲学家培根说过："习惯真是一种顽强而巨大的力量，它可以主宰人生。因此，人自幼就应该通过完美的教育，去建立一种良好的习惯。"——所以，当你意识到自己不合理的行为时，一定要拼尽全力把它扼杀在摇篮里。

04
外向不是随意扰乱课堂秩序的挡箭牌

三年级的第一篇作文题目是《猜猜他是谁》，这也是孩子所接触的第一篇作文。笔者专门为这篇作文设计了一个"猜猜他是谁"的游戏，让孩子们在班级里任意挑一个有特点的孩子进行描述，然后全班同学来猜。像商量好了一样，很多同学都描述了飞飞，他们说他是班上最外向的一个孩子，和每一位同学都处得很好。好奇飞飞是一个怎样的孩子，笔者专门结识了他，并且让他做了一个自我介绍。

飞飞口中的自己与同学们的描述差不多，外向、活泼、开朗、很好相处。这些从他的言谈举止中，笔者也都看得出来。这种性格本身在学习和生活中是占优势的，可是相处下来，笔者发现飞飞把这种优势变成了劣势。他总是在课堂上过分活跃，无端接老师的话，有时候接的还特别不是时候，各科老师都反映他的行为严重扰乱了课堂秩序。

笔者为此事专门找了飞飞谈话，问他为什么那么喜欢接老师的话，有没有意识到这已经严重扰乱了老师的课堂秩序。飞飞还是一副无所谓的样子，他笑嘻嘻地说了下面这番话。

我本来就比较外向，外向的人总是喜欢说话，而且课堂气氛还会因为我变得活跃起来，这哪能算扰乱课堂秩序呢。

确实，很多时候飞飞接一句老师的话，会惹得同学们哈哈大笑，但是他完全没有顾及老师的思路是否被打断，那个时候的哄堂大笑是否合适。而像飞飞这样的孩子，每个班几乎都会有一个。

他们活泼、开朗，和班上的每个孩子都能很好地相处，他们积极、大胆，不畏惧老师和任何的公开场合，他们很外向。可是在课堂上，他们依然我行我素，把外向当作随意扰乱课堂秩序的挡箭牌，自己却浑然不知。要想改变现状，必须让其认识到外向不是随意，从而让性格更好地服务于生活和学习。

专栏说

那么如何才能让其认识到外向不是随意呢？

1.**亲身体验法**。让其亲身体验随意扰乱课堂秩序给老师带来的困扰。如：当你的老师告诉你，你扰乱了课堂秩序，你却意识不到时，你可以与老师互换角色，还原当时的课堂情景，你来当老师，老师来当你，你们角色互换，从老师上一堂课的备课开始，然后去上课，老师则作为你，在你的位置上说你说过的话，做你做过的事情。然后，你来体会，当时老师的行为是否会给你带来不适。若有，你就要意识到你的外向随意了。

2.**察言观色法**。当你的某些言行对课堂产生干扰时，肯定会有干扰的信息反射出来。你可以观察老师接下来的环节是否自如，同学们接下来的学习状态是否受到干扰。若有，那么你的随意行为已经造成不好的影响了。

3.**行为思考法**。课堂上，在发言之前，你要提醒自己进行思考，想一想你所说的话与学习的内容是否有关系，若没有，那些就是随意的发言。若是课堂上这种发言多了，你就要注意了。

4.收集他人的感受。当在一节课上或者一件事中，你说的话存在争议，也就是有同学认可，有同学讨厌，且讨厌的人数大大超出认可的人数时，你可以采访一下那些讨厌的同学，问一问他们讨厌的原因。

外向的人像太阳，随处都能发散光芒，但是这光芒是适时的还是随意的，你要好好思考一番，舒服的光芒会让人温暖，而随意的就会让人觉得刺眼，课堂上更是如此，你随意的发言不仅会打乱老师，而且还会影响同学们的学习。所以，外向的你一定要会判断课堂上的自己是否随意。

素素老师贴心建议

关于如何让外向的性格更好地服务于生活和学习,你可以这样做。

1.积极参与班级活动。外向的孩子往往活泼、大胆,公共场合不怯场,这在集体活动时极其占优势。如:演讲、游戏等在公共场合的活动,多参与这些活动,可以在发挥你优势的同时让你得到锻炼。

2.积极参与班干部竞选,服务于班级。外向的孩子往往人际交往能力较强,能够较好地与同学相处,这便于服务班级。如:生活委员、文体委员、劳动委员、班长等这些需要协调能力的职位。参与这些,可以锻炼你的组织管理能力。

3.积极参与校园或社区公益性活动。如:给敬老院送爱心,给偏远儿童送温暖,做校园志愿者……你可以借助自己的协调沟通和语言能力,尝试去参与,在参与的过程中,不仅你各方面的能力可以得到提升,眼界和心胸也可以变得开阔,这对你内心有很多的助益。

  4.积极利用优势参与课堂。这种参与并非指刻意说话，而是有效率地参与。如：借助洪亮的声音和自身的落落大方，积极参与语文的诵读、英语的领读、数学的习题讲解……这样可以提升你的学习效率。

  5.多与老师和同学沟通。如：某个知识你觉得有更好的解决方法，发现同学的解题方法很好，你想去请教详细的过程，或者是看到同学闹了矛盾，你主动去调节……当然这个沟通也不仅限于学习，若是在生活上有什么烦恼，如：发现班级上一些老师没有发现的小问题，或者是对班级的某个问题有自己的看法……你要发挥自己积极胆大的优势，及时与老师和同学沟通。这不仅会给老师和同学留下好印象，还会使你的责任心和思考能力变得更强。

德国著名作家歌德曾说:"一棵树上很难找到两片叶子形状完全一样,一千个人之中也很难找到两个人在思想感情上完全协调。"——每种性格都有优势和劣势,外向的你一定要学会发挥优势、提升自己。

05
一次测试的成绩并不代表什么

晓晓是一名学习成绩非常优秀的孩子,无论是平时表现还是任何一次测试,他都非常出色,在学习上,他一直是"常胜将军",直到那一次的数学测试。那次测试,不知什么原因,他的试卷有一大面没有做完,成绩自然是不理想,当卷子发下去的那一刻,他整个人都不好了。

直到那节课下课,他还在哭,尽管数学老师已经安慰过他很多次。最终,在三位老师和一些同学的劝慰下,他才止住了哭声。可是从那之后,感觉他整个人的状态变了:上课很少再主动举手回答问题,也不给同学们当小老师讲题了,以前课堂听得激动时整个人都会站起来的画面,彻底不见了。

笔者问晓晓这些变化是否因为那次测试。晓晓思考良久，这样说。

我也不知道，我现在就老是怕出错，怕被同学们笑话。

这些现象在以前一直是没有的，所以还是那次测试给他带来了无形的影响。仔细回忆，受一次测试成绩影响的孩子其实不少：有晓晓这样学习成绩非常优秀因为一次测试不好而不自信的；也有那种本来成绩不理想，因为一次测试成绩特别好而骄傲的。

不管是哪一种类型，但凡是因为一次测试成绩而产生的影响，那肯定是心理因素在作祟。成绩极好的，因为习惯了好，习惯了学习中的掌声与鲜花，所以即便一次很小的不理想，他内心也无法接受这种落差；成绩不好的，因为突然的好，一下子接受了很多赞美与鼓励，所以便膨胀了起来。要想淡化一次测试成绩带来的影响，必须从心理上解决：让其正确认识成绩，对待偶然的成功或者失败，从而更好地成长。

> **专栏说**

那么如何才能让其正确认识测试成绩，对待偶然的成功或者失败呢？

1.多阅读一些人物传记类的书籍。人物传记往往记录了某个人一生的跌宕起伏，这样的故事读得多了，你的心里会潜移默化地形成淡化成绩与失败的意识。你也可以看一些相关的电影，如《末代皇帝》《乱世佳人》，还可以准备一个小本子做积累，将感动自己的内容记录下来。这样在你遇到类似的事情时，你可以翻开来看看。

2.有意识地去寻找身边的相关榜样。当你意识到一次测试成绩，影响到你之前的一些行为习惯时，如晓晓这样的，你就要用心去看一看那些同样优秀的孩子，看一看他们在一次测试成绩不理想的时候，是怎么做的，行为有没有发生变化。如果觉得有必要，可以找那些同学去诉说自己的苦闷。如果你是一个很普通的孩子，突然一次考好了，你也可以去看一看那些一直表现非常好的同学,通过观察,来发现你们之间的差距。

3.建立合理的学习意识。你要知道测试只是检测你某个阶段知识掌握的情况,而非你学习的目的。若是在测试成绩切实影响你的时候,可以把这句话写在那张影响到你的测试卷上。

4.多挑战一些新鲜的事物,尤其是自己不擅长的。如:在学习上特别优秀的你,可能并不擅长运动,那么在学校的社团课,或者课下的兴趣班,你就可以丢掉自己学习上的光环,去报运动的项目,体验学习别人的感觉(你不擅长的项目是什么,你就可以选择什么,以丢掉学习光环,体验学习别人为目的)。

心理产生的问题还需要从心理上来解决,而改变一个人的心理是一件长期的事情。当你意识到自己的问题时,要做好长期去改变的准备,通过外在与内在的意识培养,逐渐形成正确的认识,淡化它对你的不利影响。

素素老师贴心建议

如何让测试促进自己更好地成长呢？

1.**善于查找原因**。一次测试的成绩虽然是偶然的，但是这个成绩的背后必然有其原因。如：成绩一般的你突然考好了，是因为前段时间努力了，还是因为这次考试做题更加用心了，或者就是单纯的幸运；优秀的你突然考差了，是因为前段时间不够用心，心里有什么事影响了考试的状态……然后把原因记录下来。

2.**善于反思总结**。根据你记录的原因去反思总结。如：突然考好的你记录的原因是这次考试做题更加用心了，那么是在哪一方面用心了，是审题还是书写？把它记录下来，那是你以后时刻要发扬的优点；偶然考差的你记录的原因是心里在想别的事情，那么是什么事情，是家里的还是学校的？把它记录下来，然后思考如何不让其他的事情影响到自己的学习法，避免以后再出现这样的情况。

3.将影响自己学习的因素扼杀在摇篮里。如:你记录影响你这次考试的因素是早上因为某些事被父母批评了。那么你可以回顾是因为什么被批评,如果是你的原因,你要从自身去改变;如果是父母的原因,你可以采用存档的方式,等回家之后再去解决。

4.将"好"带到学习的每个角落里。如果一直普通的你,在一次测试中突然取得了非常好的成绩,你可以把这种好带到课堂的学习中。如:用好的标准积极参与课堂活动,积极思考并回答老师提出的问题。

5.利用测试养成良好的心态。一次出乎意料的测试成绩出来之后,不要总盯着它去看,而是要想接下来的测试,若好,怎样保持;若不好,怎样改变。认识到测试是常态,好与不好也是常有的事情,不能让其影响到以后的学习和生活。

> 美国著名社会心理学家马斯洛曾说:"心态若改变,态度跟着改变;态度改变,习惯跟着改变;习惯改变,性格跟着改变;性格改变,人生就跟着改变。"——学习和心态息息相关,让它们相辅相成,帮助你更好地成长吧。

06 利用好"成就感",你的学习事半功倍

小邹同学人长得干净秀丽,字却写得一塌糊涂。毫不夸张地说,看他的字一半靠眼力一半靠猜。作为语文老师的笔者特别头疼,不敢想象把字写成这样的孩子语文会是什么样子。不过出乎意料,他的语文阅读理解能力很强,每一次总是能说到点子上。他因此在课堂上也得到了很多赞美,而且每次赞美之后,他下一次会更积极,抢答也更加准确。

发现这一特点之后,笔者开始在他的字上下功夫,每次作业批语都会写上:字再工整一点儿会更棒!然后他会很认真地去写,虽然还是很糟,但是每一天都会有一丁点儿的变化,每次变化,笔者都会表扬,然后他就会做得更好……

笔者与小邹的妈妈交流了这一情况，小邹妈妈对孩子也格外上心，不仅制定了详细的奖励措施，还给他报了书法班。就这样在妈妈与老师的不断鼓励下，小邹不断进步。如今，两年过去了，小邹的字已经发生了翻天覆地的变化，人也越来越优秀。现在让小邹看他之前写的字，他简直不敢相信，在开学典礼上，他作为"最具潜力"学生代表发言，他说：

我感觉我的字之所以能够取得这么大的进步，有很大一部分原因是老师和妈妈的鼓励，只要我有一点儿进步，他们就会表扬我，让我看到更好的自己，让我有做得更好的信心。

学习中，像小邹这样在某一方面欠缺较多的孩子很多，但是能像小邹一样扭转劣势的孩子不多。小邹的变化，究其原因，就是他特别会利用成就感，他不与别人比较，只与昨天的自己比较，把每一次的鼓励与进步都当作自己继续前行的动力。在学习中，若是你也能够利用好成就感，它就会让你的学习事半功倍。

> **专栏说**

那么成就感是什么？它来源于哪里？

1.成就感就是一个人因为做完或者做好某件事而产生的一种愉快或成功的感觉。它可以来自事件本身。如：做手抄报这件事。当你把一张白纸变成五彩缤纷的手抄报时，你的心里就会产生愉悦感；当你非常努力学习一段时间之后，测试成绩取得了很大的进步，看到那个成绩，心里也会产生愉悦。

2.成就感可以源于外界的鼓励和赞扬。如：一向不爱发言的你，因为一次发言得到了老师和同学们的赞美，心里会感到特别愉悦；一向不爱整理东西的你，却在一次开学前主动把自己的东西收拾好，妈妈表扬了你，心里会感到特别愉悦。

3.成就感可以源于物质的奖励。如：家人给你定了一个学习上的目标，并承诺你完成目标后给你想要的东西。你为了它不断努力学习，结果完成了目标，得到了奖励，心里便会产生愉悦感。

4.成就感可以源于自己的突破与变化。如：一向胆小不敢在同学们面前表现的你，因为一个原因不得不当众唱首歌，唱完之后，你会觉得自己以为很难的事其实并没有那么难；一向写作文很差，差到自己都嫌弃的你，慢慢地写出了一些你觉得不错的句子，读了之后，心里会感觉特别舒服。

总之，成就感是一种感觉，它的获得方式有很多种，但是不管是哪一种，都不会毫无缘由地跑到你的心中。它是需要自己去努力才会出现的，所以想要获得哪个方面的成就感，就朝着哪个方向去努力。

素素老师贴心建议

那么获得成就感之后，又该如何利用它，让你的学习事半功倍呢？

1.及时记录成就感。你可以准备一些便利贴，当每一次产生愉悦感的时候，就把让你产生那种感觉的事件记录下来。如：你今天因为课堂发言特别精彩，得到老师和同学的掌声，心里美滋滋的。你就可以记录：用心听讲、认真发言。你今天的字写得特别认真，看起来让你觉得特别舒服，你就可以记录：用心写字（记录让你产生愉悦感的事件）。

2.善于对比分析。有愉悦感，当然也会有挫败感。 如：与表扬对应的是批评，若是你因为课堂上开小差被老师批评了，心里很难受。那么你就可以翻开自己所记录的愉悦感事件，找到课堂相关的部分，在旁边写上课堂开小差，这样你就一目了然，不同的课堂行为，带给自己的感觉是不一样的，从而督促你多一些产生愉悦感的行为。

3.发挥成就感的辐射作用。 好的行为会产生好的感觉，好的感觉会影响到整个人。如：你因为一次特别用心，将作业写得极其漂亮，它为你带来了成就感。而为了获得这种感觉，你一天比一天更用心。与此同时，你还把这种用心扩散到了课堂上、测试中、课外活动里……让每个地方都用心起来。

> 有句谚语说得好:"成就是谦虚者进步的阶梯,也是骄傲者后退的滑梯。"——成就感也是如此,在你这里它是阶梯还是滑梯,完全取决于你对它的利用。

07
当你觉得还有人不如自己时，你要注意了

冠冠这个孩子很是让人琢磨不透，说他淘气吧，他确实挺淘气的，平日里最爱追逐打闹，课堂上也是小动作不断，作业呢，也总是将就，明明能写得很好，却偏偏写成了一般；说他乖巧吧，他很乖巧，无论对他提出什么问题，他都会回答：知道了老师，我会注意的。认识错误的态度可以当作典范。

可是，他往往只认错不改错，老师说：下次把字写好一点。他点头，下次依然还是那个样子，若是给他退回了或者坐在他旁边，他能写好，可是下次依然是老样子；老师说：以后课间不要再追逐打闹了，他点头，可是依然我行我素，若是罚他哪天只能坐在自己的位置上，他就乖乖地坐在那儿，可是到了第二天依然是老样子……这样的事

情在冠冠身上比比皆是。

　　笔者与冠冠交谈了数次，每一次他都极其有礼貌，态度和平时表现却南辕北辙。无奈之下，笔者联系了冠冠妈妈。让笔者大吃一惊的是，家里的冠冠和学校的简直判若两人，他对妈妈和老师的态度截然不同。他妈妈说他在家里的口头禅就是：某某还不如我呢。但凡说一处他哪里做得不好，他都能找到哪个地方不如自己的孩子，来反驳他妈妈。他妈妈若是教育他该向比他好的孩子看齐，他就拿"那你咋不让人家给你当儿子呢"来呛她。

　　知道这些之后，笔者再次找冠冠聊了聊，下面是聊天中冠冠所说的话。

　　自小我妈就觉得我不如别人，无论我再怎么努力，她都觉得我不够好。可是她嘴里的那些孩子并不见得比我好。我现在就是要让她看看即便我什么也不改变，我也比很多孩子都好。

　　在生活中像冠冠这样把"某某还不如我"作为口头禅的孩子并不少，也许有的孩子同冠冠一样，有一些家庭的外在因素，而有的可能完全是由于内在的问题。

不过不管有没有外在因素的影响，产生这样想法的原因如何，你都要注意了。因为"某某还不如我"这句话就是在向你宣告：你的学习心理出现了问题，要想解决这个问题，你必须查清原因，从源头解决。

专栏说

那么怎样去查找产生"某某还不如我"这种心理的原因呢？你可以从以下几方面来入手。

1. 从家庭方面去查找。想一想你的父母是否经常把你的缺点与别人家孩子的优点进行比较，是否经常把"你看看某某，你不会向人家多学习"这句话挂在嘴边。让你作为孩子觉得非常不适，甚至反感。

2. 从学校方面去查找。想一想你的某个老师或者同学，总是因为你的某个缺点，让你向另一个优秀的孩子学习，让你作为学生，觉得心里非常不适，甚至产生反感。

3. 从自身方面去查找。 想一想是否家人或者老师在指出你哪里不好的时候，你是否就会脱口而出"某某还不如我呢"，你平时的关注点是否都在你口中的那些孩子身上，与他们相处的时间是否比别的孩子更长。若答案是肯定的，你要好好想一想，自己是不是在所有问题上都是这样，若是，那么你就是心理上太容易满足了；若仅仅是在学习上，那你就是学习目标还不够明确。

不同的孩子产生"某某还不如我"这种想法的原因不同，当你有这种想法的时候，你可以从以上三个方面去思考产生这种想法的原因。当然有时候原因并非其中的一个，可能会有多个原因，无论有几个、是什么，你在经过仔细思考之后，都把它们记录下来，这样才能更好地去解决问题。

素素老师贴心建议

那么找到原因之后,又该如何去解决它呢?

1.若你觉得是父母方面的原因,你可以先告诉他们你的想法,然后了解他们这样做的目的,最后与他们一起寻找合适的解决方法。如:他们拿你与别人比较,让你特别难受时,你首先要让他们知道,那种比较方式,让你觉得心里非常不舒服,甚至产生反感。让你认为在他们心里,你是一个很糟糕的孩子。而你之所以说某某不如你,并不是真的想与他比,而是想在他们面前维护你的形象,让他们知道你也很好(若是不方便交谈,可以用写纸条的方法或者找老师帮忙)。

然后你可以去了解他们的目的,当你知道他们不过是为了让你变得更优秀的时候,你们可以一起为这个目标想合理的方法。如:和自己比。让他们将以前的你为参照物,用"不错,你这个地方比起上次有了很大的进步,做得很好!以后保持"或者

"你这个地方没有上次做得好,是为什么呢?我们一起来找找原因"这种方式来让你变得更优秀。

  2.若单纯是老师与同学的原因,你可以用和上述一样的方法;若是像冠冠一样有家庭因素的叠加,那么你要找老师详细说明自己家里的情况,这样你不仅不会再被比较,还会得到老师的帮助。

  3.若是你自身的问题,就要具体问题具体分析。如:是因为个人心理太容易满足,对待所有的事情都比较自我认同,这并不是什么大问题,对你的健康成长不会起反作用;若是学习目的不够明确,那么你就要给自己制定一个详细的目标。如:写字要做到横平竖直才算合格;今天的作业必须在今天完成(这个详细目标根据自己的缺点而定)……

法国著名哲学家卢梭说过:"伟大的人是决不会滥用他们的优点的。他们看出他们超过别人的地方,并且意识到这一点,然而绝不会因此就不谦虚。他们的过人之处越多,他们就越认识到他们的不足。"——正确认识自己,是你变优秀的第一步。

08
感恩的心,你必须有

小宇的爸爸和妈妈离异了,他跟着妈妈,爸爸几乎什么都不管,对他也不闻不问,除了每个月那几百块钱的生活费,用小宇自己的话说,他就是一个只有妈妈的孩子。这样一个孩子,让人打心底里觉得他应该很懂事、很疼妈妈,然而事实却并非如此。

在校住宿,小宇动不动就打电话让妈妈接他回家去住,即便是下雨天,他只要想回,就闹着让他妈妈来接,完全不顾及妈妈是否下班,路上是否好走;在学校与学生发生矛盾,他特别爱动手,扯烂别人的衣服,他就让妈妈来给缝上……老师教育他,他一副理所当然的样子,说让妈妈来就行了。在他眼里,好像他妈妈不是一个人,而是一个无所不能的神。

他妈妈给人的感觉就是忙,总是都慌慌张张的。所以一直没有机会一起交流,直到那个下雨天,她应小宇的要求来接他回家,摔了一跤。她找到在查宿舍的笔者,诉说了小宇的不懂事。她说总觉得离婚对小宇有所亏欠,所以总是尽全力地去满足他,没有想到让他变成这个样子,她让笔者帮忙教育,希望小宇能有所改变。

后来,笔者经常关注小宇,他与同学发生矛盾,笔者会让他先说话,可是在他眼里总是别人的错,他一点儿错也没有;笔者告诉他,需要什么可以先告诉老师,老师给他妈妈说,可是他依然会先选择给妈妈打电话,不管时间合适不合适,原因就是他需要。

这就是小宇,他做什么从不会站在别人的角度,他总是以自我为中心,而且已经形成习惯。而他之所以成为这个样子,就是因为缺乏感恩的心。想要改变他,必须让他正确认识到自己的问题,做到凡事不再这么自我,培养其感恩的心。

沉浸式学习法

专栏说

那么对于缺乏感恩之心的孩子，怎样才能让他们正确认识到自己的问题呢？

1.角色转换，亲身体验。如：与父母角色转换，让父母列清楚他们每天要做的事情，然后自己做一次父母。并记录每个时间节点，父母都在做什么，哪个节点有空闲，哪个节点特别忙。回忆平时自己都在哪个时间给父母打过电话，并在相应时间段画上记号。这样既能亲身体会对方的辛苦，看清楚以前给他们造成的不便，又可以一目了然地清楚以后该在什么时间给他们打电话。

2.全天陪伴，感受不易。在周末时，可以全天陪伴父母一天，看一看休息日的他们都在做些什么，是否如自己想象的那样。若是其间自己有一些感受，可以随时记录下来。

3.与别人发生分歧或者矛盾时，多倾听别人的看法。如：你与同桌发生矛盾，在老师调节时，听一听同桌说的话，不要一味只管自己说。

当你在亲身体验别人的不容易，并且用记录的方式看到自己的一些不妥行为之后，你自然会意识到自己太过自我的问题。从而开始不再自我，并在做事情时开始有意识地为对方考虑，这就是培养感恩之心的开始。

素素老师贴心建议

那么如何有意识地培养自己的感恩之心呢？

1.提醒自己多说谢谢。当家人或者同学帮助自己的时候，一定要说谢谢。如果你的家人朋友没有这种习惯，你还要主动去提醒他们，让自己生活在一个有礼仪的环境中。

2.养成主动帮助别人的习惯。如：扶老人过马路，帮助不方便的同学值日……这样可以体会到助人为乐的快乐。懂得付出，才会体会到不易。

3. 做一些自己力所能及的家务。如：整理衣柜、打扫房间、刷碗、清理垃圾、给花浇水等，这样可以锻炼你的动手能力和责任心，也能让你知道这看起来非常平常的事情，背后都是需要有人默默付出的（这些家务可以根据自己的年龄特点来进行选择）。

4. 对物质需要有一定的限制。了解自己的家庭情况，每次买东西之前要与父母商量，问一问在不在他们的承受范围之内，不买在父母承受范围之外的物品。

5. 利用节日，献上自己的爱心。如：母亲节的时候，可以给妈妈捶捶背或者写一张贺卡、买一份小礼物等自己力所能及的事情。

6. 养成珍惜物品的习惯。不要随意扔东西、浪费粮食。如：吃饭的时候，养成吃多少打多少的习惯，不要随意倒掉；衣服够穿即可，不要贪多，更不要随意与别人攀比；作业本要写完了，才能扔掉。

> 卢梭说过:"没有感恩,就没有真正的美德。"——感恩的心,你必须要从小去培养。

Chapter 4

第四章

长久提高作业效率的秘诀

01
每次都按时交课堂作业，
不等于掌握了课堂所学的知识

小雅同学乖巧文静，字写得干净秀丽。虽然平时不大爱说话，但是听讲认真、交作业及时，正确率也挺高，无论学习还是纪律都给老师挺放心的感觉。岂料，这感觉却是一种错觉，连续几次测试，她的成绩都不大理想。

起初，老师以为她只是一时粗心。连续几次之后，老师开始特别留意她，这才发现：小雅总是在同样的问题上反复出错，哪怕老师已经讲过很多遍，无论哪个科目都是如此。所以，别看她的课堂作业错得不多，重复的概率却很高，纠错对她来说好像毫无用处。

针对小雅的问题，老师们想了一个办法：对于她的错题，单独给她讲。可是，这样做了一段时间之后，小雅之前的问题并没有得到改善,大家觉得很郁闷,依次找小雅聊了聊。

具体的谈话内容不一样,但是大致都是这些问题:讲错题的时候有没有用心听?能不能听懂?为什么有的题目会重复出错?下面是小雅与数学老师在聊天中所说的内容。

每次讲错题我都认真听了,而且也都能听懂。然后,我记得好像也没有在某些题目上一直重复出错吧,这个老师您是不是记错了。

接着小雅还专门拿来作业给数学老师看,原来在她眼里的重复出错,是指所有的东西都一模一样,包括数字、句子,按小雅这种说法,她确实没有经常重复出错,她只是在同类问题上重复出错而已。

对于小雅来说,学习就是按时上课、交作业、纠错,可是按时上课、交作业、纠错,却不等于掌握了课堂所学的知识,真正地掌握知识是能够触类旁通地去运用。小雅就是因为没有意识到这一点,才会使所写作业不高效、所学知识不灵活。

专栏说

那么如何才能使你的作业真正高效起来呢?

1.作业要有一定的目的。 首先要明白作业是对课堂所学知识的一种检测,你不是为了完成它而去做,而是为了巩固和运用知识。如:老师布置了抄写生字的作业,你的目的不是按照老师要求的遍数抄完,而是会写它。那么在写的时候,你就要去思考,哪个字哪个地方容易出错,你要用怎样的方法去记住它,记住它是你的目的,而非写完那个遍数。

2.作业要有所反馈。 如:今天的作业,你错了一道题,你的任务不是去把那道错的题补完,而是要找出那道题出错的原因,然后再去找几道类似的题来巩固这个没有掌握的知识。

3.培养良好的写作业习惯。 如:写作业前,准备好要用到的一切文具;写作业时,一心一意,不被与作业无关的事情打扰;完成写作业后,多思考,看一看每一道题所对应的知识点都是什么。

4. 自觉设置分层作业。由于老师面对的孩子较多,在布置作业的时候做不到人人分层,但是你心里必须对自己的个人情况有所了解。若是情况特别好,你可以在完成老师布置作业的基础上额外找几道难度适中的习题训练;若是基础薄弱,你可以选择在老师或者同学的帮助下完成你觉得很难的习题。

5. 抓住点滴时间。这个方法比较适合那些成绩较好的孩子。你的作业可能完成得较快,早于老师所给的时间。那么完成之后,你一定不能发呆或者说话。你可以利用这个间歇,去阅读,或者做一些拔高的试题。

作业是为巩固和运用知识而服务,你所有的作业都是为了掌握知识,在这种认知的基础上,学会培养良好的作业习惯,不三心二意,不在不会做的题上浪费时间,然后不断反思、总结,你的作业效率一定会越来越高。

素素老师贴心建议

怎样才能真正掌握课堂所学知识，使其灵活起来呢？你可以这样做。

1.做好知识的总结。如：每天的学习结束后，你可以把学到的知识点回顾并记录下来；1周或者1个月之后，你再根据自己的记录，把那些知识点用知识结构图，或者思维导图的方式呈现出来。

2.将知识点与练习题对接。如：每次的习题，无论是课堂作业还是课后练习，你都做好保存。然后对照自己记录的知识点进行习题大分类，看一看每一个知识点都可以运用到哪些习题中。

3.将知识点与生活对接。如：每天、每周、每月，你可以给自己30分钟知识回顾的时间。然后结合所对应的习题，想一想它与生活中的哪些场景相似，试着自己用所学知识编写习题并解决（可以专门准备一个习题编写本来收集）。

4.多思考，学会举一反三。平时要有意识地去培养你举一反三的能力。如：当你遇到一个词语解释题时，你不要只局限于解释它，你可以尝试去用它说一句话；当你遇到一个转述句的习题时，你可以思考如何把它再变回第一人称来写。

中国著名教育家叶圣陶说："培育能力的事必须继续不断地去做，又必须随时改善学习方法，提高学习效率，才会成功。"——当你发现学习变得没有效率、止步不前时，要快速寻找原因，改变你的学习方法。

02 最后一刻才去写家庭作业，那是拖延症呀

小圣平时不仅把作业写得乱糟糟的，而且还写得特别慢，所有的课堂作业他几乎都没有按时交过，总是拖到下节课。老师们这把这种情况归结为性子慢，所以每次看到小圣交得又晚又乱的作业时，大家也不会惊奇，总觉得他就是那样慢。直到那次，笔者把他叫到办公室补作业，才发现事实并非那样。

那天，笔者刚把小圣叫到办公室布置完任务，就有家长来找，等那位家长离开时已经是30分钟之后了，而小圣居然一个字都没有写，他一直在那里翻来覆去地磨蹭。有点儿生气的笔者打算和他耗时间，就告诉他什么时候写完才能离开，然后开始改作业，可是还不到10分钟，小圣的作业居然写完了，而且字并没有写乱。

发现这一问题的笔者把情况告诉了其他老师，大家对他进行了特别的关注，然后发现：小圣不管写什么作业都喜欢拖，40分钟的时间有一大半都在做小动作，往往都是别人快写完的时候他才开始做。有时候甚至你就在他身边站着，他还是会不自觉地走神。

后来笔者找了小圣妈妈了解他写家庭作业时的情况，他妈妈听了一脸无奈，说他在家里写作业总是拖到最后一刻才写。临走前，她还说了很多让老师多加管教的话。在之后的课堂上，大家特别关注小圣，他完成课堂作业有所好转，可是家庭作业却依旧如此。

随后，大家趁着周末专门做了一次家访，家访中我们看到小圣妈妈是做生意的，而他写作业就只能在门市。门市里人特别多，他妈妈根本顾不上管他，拿着书的小圣经常把注意力放在他妈妈和客户的谈话上，常常30分钟也写不了几个字。

看到那样的场景，大家终于明白小圣为什么总是把作业拖到最后写，他的拖延症在家庭滋生，在内心滋长，表现在作业中。要想治好它，必须排除干扰，培养时间观念。

沉浸式学习法

专栏说

那么在你写作业时，如何排除干扰呢？

1.寻找干扰的来源。若是你在非常安静的环境中，依然做不到一心一意学习，效率非常低下，那么你的干扰源就是自己的内心；若是你在特别嘈杂的环境中，学习效率低下，那么你的干扰源有可能是外部的，也有可能是内部和外部的结合（这时候你可以先用改变环境的方法来判断）。

2.针对外界干扰，根据自身情况改变环境。如：你本身的自制力和自律意识非常强，学习效率低下完全是因为周围太嘈杂，你可以说服家人让自己单独在一个安静的环境中学习，并用学习成果给他们证明；若你的自制力特别差，你可以找一个各方面习惯都比较好的同学，和他在一起写作业（针对这种干扰，还有一种适应方法，就是故意将自己置身在嘈杂的环境中做一些必需的事情，让自己适应环境。可以根据自身情况去尝试）。

3.针对内部干扰，学会储存杂念。如：你在写作业时，经常会忍不住去想一些无关的事情，有时候甚至会想去倒杯水，吃个东西，上个厕所……我们统称它们为杂念。这种情况你可以准备一张储存杂念的纸放在作业旁边。每当有其中一个想法冒出来的时候，你就把它记到纸上，记上之后看看它是不是必须要做的，如果不是就在它后面标记：作业完成再做，然后继续写作业。

4.若是内外部因素皆有，那么你可以将习题练习总结归类法（P036）与课后作业总结归类法（P037）结合起来去应用，不断尝试，选择最好的方式。

写作业时，你总是会遇到各种各样的干扰，它们会降低你的作业效率。这时你要学会寻找干扰的来源，然后一一把它们消灭掉，方法有很多种，你可以不断尝试，选择对你来说最有效的。

沉浸式学习法

素素老师贴心建议

关于如何培养你的时间观念？你可以这样做。

1.制定一个积极有效的目标。如：规定今天的作业在30分钟之内完成，语文、数学、英语各10分钟。同时你还可以制定一个相应的惩罚措施，如：超出规定时间1分钟，要多学习10分钟（每科的作业时间和惩罚措施，可以根据自己的情况而定，以上内容可根据实际情况替换）。

2.可以做一些简单的时间训练。如：1分钟训练：你可以感受1分钟能写多少汉字，做多少道计算题，跳多少下绳，击多少次手掌……从而来感受时间的宝贵（在做这个训练的时候，也可以给自己一些小挑战，可以每天进行2~3次，每次记录自己的成绩，看看哪一天可以突破自己记录的最好成绩）。

3.借助小工具。如：倒计时闹钟，做作业时，可以用一个闹钟来进行倒计时。比如，今天语文作业的目标完成时间是10分钟，那么你就可以设置10

分钟倒计时的闹钟，给自己一点儿紧迫感。

　　4.端正自己的态度。不能不重视家庭作业，要把每一天的家庭作业都当成考试来对待，这样不仅能够培养你的时间观念，还可以提高正确率。

　　5.可以针对家庭作业专门制定一个奖惩措施。精神奖励，如：保留好你的每本家庭作业本，并在上面批注每次家庭作业所用时长，每次时长达到的目标，还可以让家长写一句表扬你的话，并且不能重复，通过对比见证自己作业效率的提高。物质奖励，可以和你的父母商量，要在他们准许的合理范围之内。

> 　　英国著名生物科学家达尔文说："完成工作的方法是爱惜每一分钟。"——戒掉拖延症的方法，也是如此。

03
同样的问题，反复出错，
肯定是你的问题

乖巧可爱的大树在学习上最大的问题就是：同样的问题，反复出错。如：他在写谎言的"谎"字时，把右半部分草字头的下面多加了一点，然后老师针对这个问题特意进行强调，他也很认真地纠了错。可是，在下一次遇到这个字的时候，他还是会写成原来错了的样子。

让人不解的是，他这样反复出错，并不是不会，也不是没有记住。记得有一次，他在同一个字上反复出错好几次之后，笔者把他叫到身边，还未开口，他的眼睛已经瞪得如鸡蛋一般，嘴里悄声念叨着"错了"，然后立刻就纠正好了，类似的事情在大树身上经常出现。

大树的爸爸很关注他的学习，每次大树在家里犯这样的错误，他都会在旁边批注：罚写50遍，而大树也会很认真地在旁边写50遍。这是笔者在检查家庭作业时经常看到的。只是这样的罚写并没有杜绝他以后再次出错。

笔者与他聊天,问他:为什么不用心写,用心写一遍不比罚写50遍要好。

大树一脸无奈:我用心了,就是不知道为什么写的时候会不自觉地写成第一次写的样子,我也不知道这到底是什么问题。

笔者:那为什么不第一次就把它写正确呢?

大树:……

哑口无言的大树也提醒了笔者,在生字练习课上,笔者专门对大树进行了关注。课上,他总是很认真地在写,只是速度总是很快,老师在指导这个的时候,他已经开始写另一个了,老师所指导的那些易错点,他全部完美地"踩上"。

这便是"大树式"问题的关键:学习中的首次效应。第一次根深蒂固的错误,使其心里形成了错误性记忆,导致后来一错再错。想要避免这种现象,必须在学习中正确认识首次效应,发挥它的积极作用。

> 专栏说

那么什么是首次效应，它在学习中又是如何体现的呢？请仔细阅读。

1.**首次效应**。心理学给它的定义为：一个人第一次进入一个新环境，第一次和某个人接触，第一次品尝一种新的食品等，留下了深刻的印象，成为一种心理定式而难以改变，这种现象被称为首次效应或第一印象。如：你遇到一个新老师，在初次见面时，他对你说话非常友善、温柔，使你在潜意识里觉得他就是这样的一个人，以后即使他的行为与这种认知有冲突，你还是会觉得他友善、温柔。

2.**首次效应在语文学科中的体现**。如："依偎"的"偎"是一声，可是你在第一次读或者听这个词语的时候，它读的是四声。因此，你在潜意识里就觉得它是四声，即便别人给你纠了无数次错，你也认真听了，可是下次再看到它时，你还是会把它读成四声。

3.**首次效应在数学学科中的体现**。在数学学科中，你可能通常会遇到这样一种现象：第一次没有学会的东西，在复习的时候仿佛变得更难，这其实就是首次效应在作祟。

4. 首次效应在英语学科中的体现。它在英语学科中的体现和语文学科十分相似。如：某个单词的读音和拼写，你在第一次朗读和拼写时如果是错的，那么这个错误就会印在心底，即便知道是错的，后来看到它，还是会不由自主地浮现出它第一次的样子。

如果你留心观察，就会发现首次效应在每个学科中都有所体现，体现的方式各不相同，笔者所列举的不过是特别明显的地方。若是条件允许，你可以准备一个本子，有意识地去收集它与学习相关的问题，收集之后，你对它一定会有更深入的理解。

素素老师贴心建议

关于怎样才能发挥首次效应在学习中的积极作用，你不妨这样做。

1.学会听讲，重视课堂上老师对新知识的传授。如：每次的生字课，老师都会对田字格的生字进行强调，尤其是难写的、易错的。这个时候你绝对不能慌，不能在老师强调的时候去书写，而是先认真听，然后在练习的时候再写（其他科目、其他知识也是如此，一定要在该听的时候认真听，这样才能保证新知识的学习是准确的）。

2.学会记录。这里的记录主要是指课堂上听不明白的地方。如：在某节课上，老师所讲的某个知识点，你没有听明白。但是你不能打断老师的思路，或者不好意思去问，为了不影响你接下来的听讲，你可以把这个问题先记录下来，等到下课之后单独去请教老师，保证彻底听明白。

3.及时练习。俗话说，"眼过千遍，不如手过一遍",听和看相似,在第一次听懂新知识之后,一定要找相关的习题去练习,让首次效应得到巩固。

4.反复纠正。这一方法主要针对那些在首次就记错的知识。如大树的"谎"这个字的书写问题,由于首次效应,他已经习惯出错。这个时候问题已经出现,那我们就可以用反复的方法来纠正。可以准备一张纸,将它的正确写法写在上面,贴在书桌、书的封皮等随时随处都可以看到的地方,通过反复刺激来消除首次效应带来的消极影响。

俗话说:"世上无难事,只怕有心人。"首次效应固然重要,但是你若有心,定能让它变成你学习中的一把利器,促使你不断进步。

04
聪明的孩子，都会思考

小胡同学长了一双会说话的眼睛，双眸充满灵动，任谁见了都觉得他很聪明。可能是从小得到这样的评价太多了，他也认为自己非常聪明，在初入班级的自我介绍中，他说自己最大的特点就是聪明。他确实非常聪明，可就是不把聪明用在学习上。

在课堂上，小胡同学的注意力集中不了3分钟，他不是东张就是西望，被老师点名，他一副无所谓的样子，嘻嘻哈哈地就站了起来。课下，他的歪点子特别多，偷偷钻进学校正在施工的工地上；偷偷跑进书法教室，把里面的东西弄得一团糟……而更可怕的是，每一次事情发生，他都特别自豪，觉得自己特别了不起，没有一点儿真心认错的样子。

为此，笔者曾不止一次与小胡爸爸沟通过。从小胡爸爸口中，笔者得知，在三年级之前，小胡的父母都一直在外地打工，小胡由年迈的奶奶照看。后来父母回来是因为小胡妈妈生了二胎。他们觉得对小胡有所亏欠，回来之后也很关注他，各种教育方法都尝试过，只是效果不太明显。

老师们与小胡爸爸一样无奈，找他谈了好几次，也并不见好转。这种情况一直持续到那次小胡趁着老师不在，拿走了他无意间看到的，夹在老师语文书里的钱。那一次，小胡爸爸狠狠地批评了他，他哭得特别凶，说了下面一番话。

反正我成绩不好，成绩不好做什么在你们眼里都是不对的，没有人喜欢我，尽管我很聪明，做了那么多人都不敢做的事情。今天就算我不拿这钱你们也看我不顺眼，我拿了钱还能买同学们喜欢的玩具，那时候他们都会围着我转。

那会儿笔者和小胡爸爸同时叹了一口气，这么长时间的问题根源终于找到了：原来小胡觉得老师家长经常批评他，是因为他成绩不好，他甚至觉得那些歪点子都是聪明的表现。想要改变他，必须先让他正确认识自己，明白什么才是聪明孩子应该有的行为。

> **专栏说**
>
> 那么怎样才能让"小胡式"的同学认识到自己的问题呢？
>
> 1.同向对比。如：小胡一直觉得老师经常批评教育他是因为他成绩不好，那么就看一看班上成绩和他一样，甚至还没有他成绩好的孩子，看一看老师是否经常批评教育他们呢？若没有，好好观察区别，寻找真正的原因。
>
> 2.反向对比。如：小胡同学可以找一些成绩非常好的孩子，看一看他们在犯错时，老师会不会批评教育他们。若是会，就把它也记录下来。这样通过记录，就可以一目了然地发现，老师批评教育一个孩子和他成绩的好坏并没有关系。

3. **关注行为本身**。如：小胡偷偷钻进施工场地里，那是一个危险的场所。若是不明白在那里的危险，可以通过问自己信任的人、到网上搜索等方式来了解，看一看自己这一行为本身是否妥当。

4. **关注自己所期望成为的那类孩子**。如：小胡在心里是特别渴望得到老师的关注和表扬的，渴望承认自己被认可。那么他就可以多关注那些经常被老师表扬、被同学认可的孩子，看一看他们平时的行为，从而来寻找差异。

5. **善于反思**。如：小胡觉得被批评是因为成绩不好，那么每次被批评之后，他可以认真反思一下，问自己这样一句话：这次的批评和成绩有关系吗？如果没有，那就要从想法上去寻找问题。

认识问题，还要从关注问题入手，真正聪明的孩子，都特别善于思考。当你有"小胡式"问题倾向的时候，不妨用上面的方法试一试，它会让你很容易就意识到问题的根源。

素素老师贴心建议

真正聪明的孩子，会做些什么呢？快来看一看。

1.真正聪明的孩子，有特别明确的目标。如：笔者班上的小轩，上课的时候他就认真听讲、积极思考并参与课堂；下课的时候，他尽情玩耍；老师讲的时候从来不会去急着做练习；练习完成后的时间用来看书……他知道什么时间自己该做什么，思路很清晰。

2.真正聪明的孩子，知道哪种"光"是亮的。教学生涯中，遇到很多孩子，为了吸引老师、家人、同学们的注意力，做一些让人觉得不可思议的事情，如：小胡为了让同学们围着他转，去拿老师的钱买玩具；为了让人觉得他聪明，去做一些危险的事情……这些都是错误的行为。而真正聪明的孩子，会想方设法让别人看到他的好，如：课外的舞蹈特长、课上的积极发言、自身的点滴进步，他们知道这才是能够吸引到别人的光亮。

3.真正聪明的孩子，遇事不会自以为是。他不像小胡一样凭自己的认知去判断问题，形成自我以为的错误认知。他如果被批评了，肯定会先去想自己的行为和行为会造成的后果，找到问题的真正原因。

4.真正聪明的孩子，会用正确的榜样促进自己的进步。如：聪明的小佳，榜样特别多，她能看到每个同学的长处，并且用心去学习。

5.真正聪明的孩子，都特别会思考。思考是会辐射的，一旦养成思考的好习惯，它便会辐射到你生活的每个角落。如：学习上，他们会思考怎样能够让效率更高；行为上，他们会思考哪些该做，哪些不该做，并借此形成正确的是非观；生活上，他们会思考怎样让自己不断超越，变得更好。

德国著名戏剧家布莱希特说："思考是人类最大的乐趣之一。"聪明的孩子不一定会思考，但会思考的孩子一定非常聪明。

05
用"番茄工作法"
解决写作业时的三心二意

欢欢是一个注意力不太容易集中的孩子，尤其表现在写作业上。那孩子写作业，可真是慢。原本10分钟能写完的，若是没有人在跟前看着，她能写30分钟，哪怕有人专门看着，她也能写20分钟。在学校老师专门观察过她写作业的情况，往往没写几个字就停住了，然后开始动自己的手、橡皮、铅笔……一切与作业没有关系的东西，这一动，若是没人提醒，能持续到下课，提醒一次，也不过管用10分钟。

欢欢在家也是如此，据她妈妈说，她在家写作业，一会儿去倒杯水，一会儿去上厕所，一会儿站起来走一圈，一会儿去拿文具……总之，绝对不可能专心超过10分钟，家人提醒，她总是有各种理由。

后来写作业时，老师开始坐到欢欢旁边，原以为这样能好一些。岂料，她依然如此，即便老师一直盯着她，她也会拿着笔发呆，半天写不出一个字来，你突然碰她一下，她才恍然大悟，想起来自己正在写作业。笔者问欢欢，为什么不能专心写作业，欢欢这样回答。

有时候写着写着，突然想起一件事，然后就专心想那件事了，就把写作业这事给忘了；有时候写着写着，突然发现手上有个地方蜕皮了，就想把它给拽下来，拽着拽着，就忘记写作业这事了……

从欢欢的话中，笔者知道她写作业时的三心二意并不是有意识地不想写，而是被外界的一些事物吸引了注意力。而那些事情并没有写作业重要，甚至不是必须马上就要去做的。针对这种情况，可以用"番茄工作法"来解决。

沉浸式学习法

专栏说

那么什么是番茄工作法呢？

1.番茄工作法是一种简单易行的时间管理方法。使用它，需要一个可以提醒自己的时间工具，如：闹钟、可定时的手表，还需要选择一个待完成的任务，并设定一个与任务相对应的番茄时间。如：你觉得自己语文作业需要15分钟能完成，那么你就将番茄时间设定为15分钟，在这期间专心写作业，不允许做其他的事情（番茄工作法中原本的一个番茄时间是25分钟，在这里笔者做了调整，你也可以根据自己的情况调整）。

2.如果在一个番茄时间内，你做了与任务无关的事情。如：你的任务是写语文作业，你却在这期间上了一趟厕所，那么你的这个番茄时间作废，需要重新再设定一个番茄时间，开始你的语文作业。

3.每个番茄时间之间可以休息3~5分钟。如：你设置了两个番茄时间，一个是语文作业，一个是数学作业，那么你在第一个番茄时间结束之后，休息一会儿再开始第二个番茄时间（如果你的语文作业在一个番茄时间内没有完成，那么你需要重新设定一个番茄时间来继续）。

4.在开始使用番茄工作法前，你需要准备一个任务清单，写上今日待办任务与日期（实际清单在网上可以搜到，你可以做参照）。

"番茄工作法"不仅简单而且高效，它能在详细的操作中，让你看到经常影响你作业效率的一些外在干扰，从而督促你有意识地去避免和克服。长期使用，会让你的学习和生活都变得井井有条。

素素老师贴心建议：

怎样利用"番茄工作法"，来解决写作业时的三心二意呢？

1.在完成任务清单时，若遇到紧急且不可后推的事情，如：正在写家庭作业时，突然停电了；正在写课堂作业时，突然流鼻血了，那么你可以终止这个番茄时间，等完成那些事情之后再重新设置，要保证番茄时间的有效。

2.在完成清单时，若遇到紧急可后推的事情，如：正在写课堂作业的你，突然想到今天要还一位同学本子。这时你就在你的番茄时间表上画一个撇号，然后问问自己这是现在必须要做的事情吗？如果不是，就在"计划外&紧急"一栏里把"还同学本子"这件事情记录下来，然后可以问问自己这件事最迟什么时候做？若是今天是约定还本子的最后一天，你可以在后面标记截止时间：今天放学前。若是明天，你可以标记明天放学前。然后继续完成自己的作业。

3.在完成清单时，若持续遇到干扰，如：你刚记下还同学本子这件事没多久，又看到自己的手指甲长了，想要剪它。这时，你就可以在任务清单里画出第二个撇号，然后问自己这件事是否必须做，有没有必要写下截止日期，如果不是必须做，那么把它记录在"计划外＆紧急"这一栏中，有必要可以写上截止日期，没有必要则不用写。然后继续完成自己的作业。如果接下来还会遇到干扰，那么就一直这样类推，直到番茄时间结束。

4.对于"计划外＆紧急"一栏中记录的事情，你可以在番茄时间结束后，或者任务清单完成后，再去认真看，根据标记的截止时间逐一完成，完成一项就用笔将它划掉，若是觉得有些任务无意义，只是突然的想法，如：当时你想吃牛排，现在不想了，也可以直接划掉。

5.学会及时总结。通过任务清单，总结那些经常干扰你的事件，然后有意识地去消除它在你今后学习中的干扰。

注：这里的"番茄工作法"进行了一定的改动与简化，你在操作过程中，也可以将那些标记符号、时间根据自己的情况进行改变，以简单、实用为原则。

法国著名诗人波德莱尔在诗歌《时钟》中写道："记住，时间是个贪婪的赌徒，从不作弊，逢赌必赢。"让"番茄工作法"帮你管理好时间，在三心二意面前做一个胜利者。

06 给自己设定奖惩措施，从而提高自己的作业质量

小舒的作业本来可以写得很漂亮，可是她偏偏不把漂亮展现出来，总是胡乱写。她也因此经常被老师退回作业，每退回一次，能管三四天，时间一长，又开始乱写。她不仅在学校这样，在家也是如此。她那每一次漂亮而工整的家庭作业都是妈妈"武力"震慑下的结果。

记得有一次，迟到的小舒红着眼睛进了教室，不管笔者怎么询问，她都不说。后来她妈妈打电话给笔者解释迟到的原因，笔者才知道缘故。原来是因为小舒妈妈前天晚上需要加班，没有办法监督小舒写作业。因此，特意打视频交代小舒好好写，谁知加班到凌晨六点回来的她一看，作业写得乱七八糟。她特别生气，撕了小舒的作业，并狠狠地批评了她一顿，要求她又重写了一遍，才送她上学。

那天，笔者特意找了个时间把小舒叫到办公室聊了聊，笔者问她为什么不第一次就写好，第一次没有写好，作业还被撕了，这又是何苦呢。小舒笑了笑，这样回答。

老师，您说的我当然明白，也知道作业应该认真写，写到最好的样子，也知道写不好会被妈妈撕，甚至撞到妈妈的枪口上，还会挨批。可是，每次都认真写作业真的好烦呀，我怎么也坚持不下去呀。

后来，笔者又进行了详细的了解，知道小舒的妈妈检查她作业的方式就是全程在旁边监督，或者"武力镇压"，从来没有一些简单的奖惩措施。而小舒这"三天不打上房揭瓦"的毛病是作业疲劳症，原因是少了坚持的兴趣和动力，面对这种情况，只要合理制定奖惩措施，动力就会源源而来，这种奖惩措施分为短时和长时两种。

专栏说

那么如何制定短时奖惩措施呢?

1.**针对问题，明确作业要求**。如：你的作业最大的问题是字写得特别差，那么你的奖励要求就是：书写工整。如果今天作业书写工整就能得到相关奖励；反之，接受惩罚。

2.**结合实际，奖惩要合理**。短时奖惩，即每次作业写完之后就要兑现，所以，无论物质或者精神都要适度。如：物品不超过2元，玩游戏时间不超过5分钟（可根据自身的实际情况而定）。

3.**奖惩措施要具体，且有对应性**。如：达到要求，奖励1元钱，或玩游戏5分钟，或到某个地方玩耍10分钟，或少做一次家务、少整理一次自己的物品。反之，惩罚1元钱，减少玩游戏时间5分钟，不能到某个想去的地方玩耍，多做一次家务、多整理一次自己的物品……

4.**奖励要求及时更换**。如：最初你的作业的最大问题是书写，于是只要书写合格你就可以得到相应的奖励。那么在一周或者几天之后，书写合格对你来说已经成为习惯，没有挑战性。这时你可以把奖励要求换为：书写工整+正确率。只有两者都达到要求，方可得到奖励，其中有一项要求达不到，则接受惩罚。

5.奖惩措施要根据自己的喜好及时更换。如：最近的你特别喜欢吃某样零食或者玩某种游戏，你把它作为奖惩措施。可是过了一段时间之后，你的喜好变了，最初的奖励和惩罚对你已经没有任何吸引力了，那么你就及时把它替换为对你有吸引力的事物。

短时奖惩在每次作业完成之后即可以兑换，使用起来方便，变换起来也较为简单，适合在耐性上稍微有些欠缺的孩子。在这样的奖惩措施使用一段时间之后，你可以慢慢尝试制定长时的奖惩措施，使你的耐心也得到磨炼。

素素老师贴心建议

那么长时奖惩措施又如何制定呢?

1.合理安排时间并制作相应的记录单。如:你的兑换时间是1个月一次,那么你就做好1个月的记录单,记录单上标注时间和结果。如:你按要求完成作业的奖励是1元钱,那么你若完成,就在相应的日期下面记录+1;若没有完成,就在相应的日期下面记录-1。

2.长时奖励措施也可以借助奖励物来记录。如:你的奖励物是让爸爸妈妈陪你看一场票价40元的电影,而你每按要求完成一次作业,顶票价1元。那么你可以这样记录:距爸爸妈妈陪我看某某电影还有×次优秀作业。

3.长时奖励措施可以利用心愿单。每年你可以把自己想要做的事情或者想要的东西列成一个心愿单,然后根据每个愿望的难易程度来设置兑换时间。如:一双自己喜欢的鞋子,这个心愿略微简单,你可以在后面标注1个月;一次长途旅行,这个心愿较有难度，你就可以在旁边标注一个学期……

  4.长时奖励还可以灵活掌握兑换时间。你可以安排一个最低的兑换时间或者固定兑换日期，如：满15天起随时可以兑换或者每月15号为兑换日期。坚持的时间越长，兑换的东西越有价值和意义，这样既能在你觉得坚持不下去的时候适时给你奖励，又能磨炼你更持久的耐性。

  5.长时奖惩也要灵活变动任务要求。如：你最初的任务是字迹工整，错误在3个以内。那么随着你习惯越来越好，你可以将任务调整为：字迹工整，错误在一个之内或者全对。用这种方法逐渐提高要求，使作业习惯越来越好。

  著名的思想家、政治学家马克思曾说："生活就像海洋，只有意志坚强的人，才能到达彼岸。"写好作业不是一件难事，但一直写好作业却不容易，用好奖惩措施，来磨炼你的意志。

07 胡乱做很多题，不如认真做好一道题

胖嘟嘟的丽丽写起作业来非常慢，往往是别人做三道题，她做一道。因此常常会出现这样一幅画面：一个又一个的孩子交作业，丽丽一次又一次地张望……随着张望次数的增加，她的作业越写越糟糕，前后一对比，简直不敢相信那是一个人写的。

后来老师们在一起商量出了一个办法：给丽丽减少作业量，每次的作业，她只写别人的一半就行了，为的是保证所做每一道题的质量，包括家庭作业。可让人奇怪的是无论老师怎么减，丽丽却不给自己减，依然写得和其他同学一样多，而最后的作业质量与前面的总是相差甚远。

起初，大家都认为丽丽这一行为与家人有关系，所以笔者特意找了丽丽妈妈交流，询问家庭作业的情况。丽丽

妈妈一脸歉意，说她平时特别忙，在家庭作业上总是很少关注。说到丽丽的慢，她连连附和，说丽丽从小就是这样子。后来，大家把给丽丽减作业这事详细对其进行了阐释，丽丽妈妈表示会全力配合。

原因不在家庭，那么就还在个人，大家又找来丽丽，聊天内容如下。

老师：丽丽，你不愿意减作业是不是因为怕父母不同意呀，老师已经和你父母沟通过了。

丽丽：……

老师：给你减作业就是想保证你所写每道题的质量，你本来很优秀，就是略微慢了一些，如果因为想要把题做完，特意加快速度，而导致质量下降，就太得不偿失了。

丽丽眼泛泪光：从小我父母就不怎么管我，到现在，唯一让我感到自豪的就是学校里每次取得好成绩时老师的表扬，若是我少做那么多作业，那成绩肯定会下降，以后我就没有什么可以自豪的事情了。

丽丽的话暴露出了她的两个问题：其一，做的题多＝成绩好，做的题少＝成绩下降；其二，学习成绩是唯一使她自豪的事情，有些唯成绩论。要想改变她，首先要让她明白做题的多少与成绩无关，然后从多方面培养其自信心。

专栏说

那么如何让与丽丽一样的孩子明白：胡乱做很多题，不如认真做好一道题呢？

1.**学会自己给习题归类。**如：三年级下学期语文园地有一个学习修改符号的模块，它指向病句修改，那么之后的练习题中势必会有很多相关病句的练习，缺少主语、两个词语意思重复、前后矛盾……这些只要某一种你能彻底掌握，那么相关的习题自然难不倒你，这样的练习一道和十道的意义是相同的。

2.**重视自己学习习惯的培养。**如：为了图快而胡乱写作业这件事情，如果有一次你这样做了，那么以后你势必还会这样做，一旦形成了习惯，"胡乱做"这三个字就会在你着急的时候冒出来，严重影响你的学习习惯，这比少做几道题的损失要大得多（为了使自己发现这个问题，你可以把自己每次胡乱写或者冒出胡乱写念头的次数记录下来）。

3.逐渐减少习题量，用事实来证明。如果你一开始特别担心，成绩会因为练习减少而下降，那么你可以逐渐减少。如：最初一周每次给自己减少一道题，然后用口头讲述的方式来做，若是依然能够做对，并且感觉成绩没有受到影响，第二周再适当多减少一道……

4.学会自己筛选减掉的习题。在逐渐减少习题的过程中，善于去发现规律，然后慢慢学会如何在每天的作业中减掉同类型的问题，保证自己的作业效率。

这种为了保证质量而减少习题的方式，出于对良好学习习惯的培养，目的在于认真写好每一道题的基础上，慢慢通过习惯来逐渐提高质量。随着年龄的增长和知识难度的增加，在你保质保量又提高速度的基础上，还可以逐渐开始把减掉的题再加回来，这样就会一举两得。

素素老师贴心建议

那么针对"丽丽式"的孩子,如何从多方面培养其自信心?

1.主动与家人进行沟通。家庭的陪伴是非常重要的,尤其在童年时期,若是你的家人特别忙,那么你可以试试下面这些沟通方式。如:如果你每天都见不到早出晚归的父母,那么你可以在家里选择一面温馨的墙,把它作为你和父母的沟通墙,用写信的方式,把你每天心中所想,或者每天发生的事情写在信纸上,贴在上面。他们也可以用同样的方式回复你。如果是你们离得较远,可以经常视频、写信或者发电子邮件,保证你们之间要多沟通。

2.多与同学交流沟通。如:平时的一些小烦恼、小问题、小困难……可以多与同龄的孩子交流,年龄的相同是很奇妙的,从他们那里你会收获很多。

3.多尝试一些新鲜事物,发现它们的美妙与自己的兴趣。如:书籍、跳棋、书法、绘画、诵读……这些兴趣的选择，你可以试着去根据自己的缺点来选择。比如，写字慢的你，可以去接触书法；不太喜欢表达的你，可以去接触演讲、诵读……这样慢慢去接触，发现它们的好，再通过进步，去体会它们带给你的成就感。这样你的自卑点会慢慢变成自信点。

4.多给自己一些鼓励。如：在做一些自己觉得不擅长的事情时，或者因为一次挑战觉得害怕时，给自己一些看得见的鼓励，可以找一些漂亮的小纸条，在上面写着：我能行、我可以……鼓励的话语，用语言来暗示自己。

法国著名物理学家居里夫人说："人必须要有耐心，特别是要有信心。"当一件事让你怀疑时，你要先用耐心去证实它，然后用信心让自己变得更好。

08
要把学会的知识印进心里

雷雷是一个踏实的小姑娘,课堂听讲极为认真,老师提的问题,但凡她会,总是积极举手回答;老师布置的作业,如果课堂上没有写完,她会在课下认真补完,主动交给老师,从来不需要监督与催促。按道理来说,这样一个踏实又自律的孩子,学习成绩肯定是不用愁的,然而事实并非如此。

雷雷的问题主要暴露在期末的复习和测试中,复习对她来说,好像比学习新知识还难。那些她之前学会的新知识完全从脑子里消失了,而且再次教起来比初学还要难,大家都感叹雷雷的记性太不好了。

让大家认识到雷雷的问题与记性好坏并没有关系,是那次笔者与雷雷妈妈的交流。雷雷妈妈说,她家孩子并不是记忆力的问题，因为雷雷的背诵部分和基础知识的掌握都很好。她说有一种孩子特别不会考试，尤其是期末的大考，她觉得雷雷就是那样的孩子。

从背诵与基础看，雷雷确实不是记性不好，然而她也不是她妈妈口中那种考试焦虑的类型，因为老师们把考试卷子和复习中的错题再次以练习的方式出给她，让她在课下做时，她依然不会。

笔者问雷雷为什么学习的时候都会，现在却这么糟糕，雷雷一脸沮丧，也说不出原因。不过那次以后，她会常来问笔者题目，在讲解的过程中，笔者总算是发现了雷雷的问题。

雷雷把知识都串在了一起，描写手法、写作手法、说明方法……很多稍有相似的知识都被混在一起，导致她的复习比初学还难。这个问题，归根究底还是没有彻底掌握所学知识，对于这种对知识掌握不牢靠的情况，你可以用"回顾—简化—传授法"去解决。

> **专栏说**

那么什么是"回顾—简化—传授法"呢?

回顾—简化—传授法就是让你把课堂所学的知识进行回顾,然后将它进行简化,传授给一个比你低一到两个年级的孩子,它一般分为以下三步。

1.拿出一张白纸,翻开书本,记录你今天所学习的知识。在记录的时候可以用学科进行分类,如:语文、数学、英语等;也可以用知识点的方式进行分类,如:句子、词语、写作方法……你可以根据自己所学的知识而定,什么方便用什么。

2.将那些知识用自己的语言进行讲述,语言一定要简洁明了。若是在讲述时遇到一些自己讲不出来的地方或者卡住的地方要重点做标记,它就是你没有彻底掌握的部分,也是你要学习的重点。

3.把你简化过的知识点讲述给一个低年级的孩子听。在讲述之前,你可以先练习,练习的方法可以参照前面的将知识可视化部分。若是对方能听明白，就证明你是彻底掌握了所学知识点；若是听不明白，你在其不明白的地方再进行强化和修改，直到对方听明白为止。

回顾—简化—传授法，可以让知识彻底印在你的心中，只是在最初的操作过程中可能会略显麻烦，你可以根据自己的情况，选择一到两个自己回顾时卡住的知识点，也可以从自己掌握比较熟练的知识点入手，让自己在实践中去享受它的乐趣，切忌弄得太复杂，使自己失去了兴趣。

素素老师贴心建议

那么你在知识的学习中，该怎样合理地去运用回顾—简化—传授法呢？

1.可以运用在当天的学习中。如：晚上回家之后，你可以在脑子里把自己所学的知识过一遍，然后翻开书本或者课堂笔记，看看自己遗漏了哪个知识点，然后把所遗漏的记录下来，再次学习。

2.可以借助作业中的错题。作业一般是对当天所学知识的反馈，所以一个错题就对应一个知识点，尤其是在数学上，这种方法非常简便。这时候你要做好错题本的记录，并把相应知识点标注在旁边。

3.对于容易混淆的知识，进行比较学习。这种方法一般用在复习中，由于很多的知识点汇集到一起，很容易辨识不清。那你就把所有你容易混淆的记录下来，用语文形近字辨析的方式去解决。

4.利用好记录本。如：上面所提到的各种记录，那些知识就是你在学习时，掌握相对较弱的，需要进一步强化巩固，才能印在心里。所以记录本上的每一道题，你都要再次复习，然后用自己的语言先讲给自己听，再找一个低一年级的小朋友去教。

5.关于教授给低年级的小朋友，你可以找亲戚、邻居家的，如果都没有，你可以找老师或者家人帮忙，让他们帮你找一个小朋友，每天用固定的时间去教。

沉浸式学习法

> 中国古代著名的思想家孔子在《论语》中说:"温故而知新,可以为师矣。"而回顾—简化—传授法就是对这句话最好的解释:温故—回顾,知新—简化,师—传授。

Chapter 5

第五章

解决学习中常见问题的好诀窍

01
读了很多书，一点儿变化都没有，你肯定被"偷懒"了

秀气文雅的小荆是一个特别优秀的孩子，他不仅能写一手好看的方块字，还会弹钢琴。课堂上听讲特别认真，总是积极参与，深受老师和同学们的喜爱。不过再优秀的孩子也会有困扰，小荆亦是如此，他的困扰是阅读与作文。

小荆对待阅读与作文的态度倒是没得说，特别认真，可是阅读总是捕捉不到关键的信息，作文思路总是有些模糊，主旨也不够突出。老师们一致认为，这是阅读量的问题，所以总建议他多读些课外书。可是读书这件事情小荆从未懈怠过，他的课外阅读量在班里绝对名列前茅，只是那些阅读量好像和他的阅读、习作能力并不成正比。

正式将小荆的这个问题提出来的是他的妈妈。那是在一次家长会结束之后，那次家长会笔者专门提到了作文和阅读这个问题。小荆妈妈提出了她的疑惑：感觉孩子读了很多书，但是不知道为什么，感觉对他的阅读和作文毫无作用。也是在那天笔者了解到小荆每天都要读书1个小时，写一页的读书笔记，每本书读完了还要写感悟……这些都是他妈妈对他的要求，而小荆完成得格外出色，阅读笔记记得工工整整。

笔者问小荆喜欢那些书吗，小荆思索良久才说有的喜欢有的不喜欢。他回答的声音很低，与课堂上判若两人。后来笔者拿了一本《小王子》给小荆，他看得极快，当天就还了回来。笔者再次问他喜欢吗，他点点头。笔者又问他喜欢哪里，他呵呵一笑，说记不太清了，然后拿了阅读笔记给笔者看，写了满满的一页。笔者很认真地打量小荆，他和上课时不大一样，少了一丝灵气。

小荆的阅读是为了阅读和读书笔记而阅读的，他不是为了喜欢，所以阅读中缺乏思考，更没有一些有意识的记忆，这样的读书，即便再多意义也不会太大。想要改变他，必须先让兴趣成为他阅读的动力，然后让其为阅读与习作服务。

专栏说

那么如何培养孩子的阅读兴趣呢？请往下看。

1.多接触书。书的种类非常多，平时可以多去图书馆翻阅一些书，寻找自己认为有意思的书去阅读（可能学校或者家人会给你布置一些读书的任务，但是你要知道书绝对不止他们要求你读的那些。你必须有一些因为喜欢才阅读的书，如果有条件，让你的读书从喜欢开始，而非外界的要求。因为只有你喜欢它，才会想更多地去了解它）。

2.组建一个读书小团队。你们班上如果还有一些喜欢读书的孩子，那么你们可以组建一个小团队，自愿在团队中分享自己读到的特别有意思的书，或者一些阅读的体会与感悟。同时你们也可以利用团队交流一些读书的好方法。

3.学会表达自己对阅读的看法，尤其是对家人。有很多父母为了让你多读书，如小荆的妈妈，会选择写读书笔记、感悟这类作业来作为检查阅读的手段，甚至会规定你读的书的内容和数量。若是你对这些并不喜欢，甚至反感，要学会与父母沟通。如：让父母给你买自己喜欢的书，读到感触较深或特别有意思的地方，你主动去与他们分享，让他们知道没有那些书面的作业，你也会好好读书。

4.亲子共读。这个方法适合刚开始读书时用，如：最初的你对读书并没有什么兴趣，完全是为了完成作业，你可以让父母和你一起去读，读完再去交流，这种其乐融融的氛围，会给你的阅读留下特别美好的印象。

兴趣是最好的老师，阅读也是如此。无论何时何地，不要把阅读当作作业或者做任务，而是单纯地因为喜欢，只有这样阅读对你来说才是一件快乐的事情，你才会在快乐中收获更多。所以在你还不曾喜欢上阅读的时候，先想办法让你喜欢上它。

沉浸式学习法

素素老师贴心建议

那么如何让你的阅读为学习服务呢?

1.学会记录阅读笔记。在阅读中,尤其是你喜欢的书中,一定会有很多你喜欢的词语、句子,或者情节。这些就是你要记录下来的阅读笔记。如果在阅读中遇到,你可以停下来记录,也可以先做标记,看完之后再去记录。

2.学会利用阅读笔记。阅读笔记上所记录的都是你特别感兴趣的内容,所以一定要多次阅读,有必要还可以选择在睡前或者早课时去读一读背一背。而在再次阅读中,你要尝试去思考,思考某个词语还能用在哪个情境中,某个句子若是换一种表达还可以怎么说,某个情景好像在生活中见过,然后进行再创造。如:你在阅读林清玄散文的时候,看到了一首特别美的小诗,然后你可以试着去换一些字,或者句子,来仿照创作一首小诗。

3.学会提取关键信息。这个你可以有意识地去训练。如：你在读一本书的时候会看到过渡句、中心句等一些具有画龙点睛作用的句子，你可以把它们圈画出来，然后尽量多地去记一记，经过长时间的积累，它们会在你写作文时派上用场。

4.学会方法的拆解。如：一篇优秀的作文、一种优秀的描写……它们都用了哪些方法，每一部分是如何写的，又是如何连接的，有哪些描写、哪些动词、哪些画面……你可以用心去拆解一到两篇，这对学习方法的积累有极大的作用。

中国著名数学家华罗庚说："抓住自己最有兴趣的东西，由浅入深，循序渐进地学。"想要你的阅读不被"偷懒"，那就从培养兴趣开始，然后循序渐进为你的学习服务。

02
总是做不好阅读题，也许是你的方法错了

垚垚非常好动，上课40分钟很难做到全程注意力集中，垚垚非常聪明，即便没有认真听的知识，也能通过自己的"消化"搞明白。不过这聪明好动的孩子有一个特别不好的习惯：爱空阅读题，尤其是那种谈感受、说道理……没有固定答案的题型。

后来批评教育了几次，垚垚不再空题了，可是阅读题依然让人头疼。每次检查垚垚的作业，他前面都写得格外漂亮，与后面的阅读题形成了极大的反差，考试也是如此。不但正确率，还有字的工整度，你能很明显地看出来，前面的题字迹格外工整，而后面的阅读题乱糟糟的，就算答案是正确的，阅卷人也要花费很大的力气去看。

后来，笔者专门针对这个问题和垚垚爸爸进行了交流，垚垚爸爸也很重视孩子的学习习惯，专门买了阅读类的书籍，让孩子每天晚上坚持练习一篇，企图用这种方式来改变垚垚做阅读题的习惯。可是1个月过去了，垚垚的情况并没有好转。

无奈之下，笔者又专门找垚垚聊了聊，问他那么聪明，为什么不好好做阅读题。垚垚听了笔者的问题，将头低得很低，小声回答了笔者的问题。

阅读题太难了，我真是不会做。

虽然垚垚的话说得很少，但是看得出他态度诚恳，没有敷衍的意味。随后，笔者在垚垚旁边，全程观察他做了一道阅读题。他读文章格外认真，几乎是逐字逐句，不认识的字还要停下来查一查，然后又开始逐个读题，每读一道题看一遍文章，如此反复几次，还有几道没有做出来。

垚垚说得没错，阅读题对他来说确实很难，他不会做，不过他不会的不是题目本身，而是做阅读题的方法。要想改变这种状况，必须让其养成良好的习题类阅读习惯，掌握一些做阅读题的基本方法。

专栏说

那么如何培养孩子良好的习题类阅读习惯呢？请认真阅读。

1.不必逐字逐句地读。阅读尤其是在习题阅读中，切忌逐字逐句地读，若是遇到自己不认识的字词，只要能够联系上下文大致理解意思即可，不必停下来专门查阅，若是一些压根儿不影响你理解的字词，可以直接跳跃，避免在字词上花费大量的时间和精力。

2.阅读时要学会从题目入手，去抓一些重要的信息。如：中心句、情感升华、过渡句等有助于你把握短文内容的句子，要在第一次发现的时候做上标记。

3.学会积累。习题类短文有很多往往大同小异，细分起来，大致有以下几种：散文、诗歌、叙事、抒情文、说理文、小说……你可以找个本子进行分类记录，并有意识地去看一看每一种类型的文章，都相应地会有一些什么样的习题。

4.每天坚持读一篇文章。读完之后，你可以拿出自己的记录本，看一看文章属于哪一类，如果要给它出题，你会根据哪一类阅读的习题设计哪些题目，然后看看自己能否解答出自己设计的题目。

5.对待阅读类文章要有正确的心态。要认真对待每篇阅读，不要没有看就觉得自己不会，这样的排斥和畏惧会影响你的阅读质量。很多阅读题都是一些文章的节选，平时的阅读中你可以试着去读一读整篇完整的文章，用平常心去对待它。

阅读题考查的是你的阅读理解和表达的能力，理解和表达都是在阅读的基础上进行的，所以阅读文章至关重要，不同于兴趣类的阅读，也不同于学习文章时的阅读，你要有意识地去培养这种习题类阅读的习惯，然后不断积累、更新方法。

素素老师贴心建议

那么想要做好阅读题,都有哪些好方法呢?

1.保证两遍或以上的阅读。每遍阅读之前要先看一下习题,若是有选择字音、词语之类的题目,可以在第一遍的阅读中顺便解决,一些理解类的习题也可以在第一遍阅读中找出关键的段落或者词句做标记。第二遍阅读,可以检查第一遍已经做好的题,然后根据第一遍的标记选择着重看的部分,去思考其他习题的答案。

2.一定要审清题目。做题的关键就在于审题,考试中经常遇到一些孩子不按要求答题,要求划掉错的,他选择正确的;要求在文中找出词语,他写一个自己想到的;让举两个事例,他写一个;答非所问……这些皆是因为对题目没有审清楚,为了避免这种错误,你可以在审题的时候把一些关键的要求做好标记。

3.学会归纳习题类型,总结答题方法。准备一个本子，记录每类阅读出现的习题，然后总结作答的方法。如：解释词语类型，可以通过字面意思，结合那个词语所在的句段，联系上下文来解释。

再如：感情类的习题，短文中往往会有相关的字、词、句去体现，如《桂花雨》中"于是我又想起了在故乡童年时代的'摇花乐'，和那阵阵的桂花雨"。这句话可以体会到故乡情；说道理的习题亦是如此，如《落花生》中"那么，人要做有用的人，不要做只讲体面，而对别人没有好处的人"。这个句子就可以体会到道理……所以这类开放性的题目，你只需要找到关键句子就可以了。

4.不必按照顺序一道题一道题地去做。做阅读题时的顺序是可以打乱的，它可以根据你的阅读情况来定。如：一篇阅读你最先体会到的是它的中心，而题目中刚好有这类题，你就可以先去做这类习题。

沉浸式学习法

> 中国著名教育家叶圣陶说:"培育能力的事必须继续不断地去做,又必须随时改善学习方法,提高学习效率,才会成功。"阅读也是如此,方法也需要你在实践中不断去更新。

03
一遇到作文就犯愁，要么只写一丢丢，要么胡扯

初次看到阳阳，笔者印象就特别深刻，依稀记得他睁着可爱的眼睛，极为认真地说："我的头特别大，我妈说那里面全都是智慧。"他说得没错，他确实是一个很有智慧的孩子，平时想法总是很独特，能够从多个角度去思考问题，也敢于发表独到的见解，只是这份智慧到了作文那里，就完全消失不见了。

说起阳阳的作文，真是让人头疼。他总是不爱把事情写具体，三言两语就结束，就像用简洁的话概括文章的主要内容一样，笔者曾多次单独给他提过，甚至细心辅导过他，可是过后依然"打回原形"；笔者也曾以字数过少为由退回过他的作文，之后他交上来的就完全成了流水账，一大半的文字都是毫无意义的表达。之后他的作文就在要

么一丢丢，要么流水账之间徘徊着。

阳阳是留守儿童，父母常年在外打工，他和年迈的奶奶在一起生活，因此这作文上的问题也只能在学校里解决。可是每次一提到作文，阳阳就低头沉默不语，最后笔者决定带着他写，每写一段检查一段，在检查的过程中，笔者发现了阳阳的问题。

其一：他的语言积累有所欠缺，很多想要表达的内容，无法用准确的语言去描述；其二：他有很多字不会写，然后在写的时候会选择不写那部分；其三：他觉得写作文是给自己看的，有很多自己明白的东西，他选择不写，但是他可以解释清楚；其四：他喜欢用简洁的语言，觉得越简洁越好。这些在作文中存在的问题，很多孩子都有，想要解决它们，就要学会积累与表达，让所写的内容变得有画面感。

专栏说

那么如何培养孩子的积累与表达习惯呢？

1.**准备一个积累本，越小越好，最好能够随身携带**。积累是生活中随处可以发生的一件事情，如：别人的一句话、电视剧里的一句台词、街上的一句广告词……只要你觉得有积累价值就可以把它记录下来。

2.**认真识记**。积累的目的是运用，运用的前提是将那些东西熟练存在自己的脑子里，每天要有固定的时间去大声诵读积累本上的内容，难写的字词还要去写一写。

3.**学会仿写**。很多好的句子是相通的，略微变化会产生属于自己的好句。如：一位孩子在表达一个人很开心时，用了这样一句话：虽然今天的天是阴的，但是他的心里却格外晴朗。你可以根据这句话仿出一个新的句子：虽然下着大雪的今天是冷的，但是他的心却格外暖。类似的句子还有很多，只要你略微思考就会产生自己的金句,然后把它也用不同颜色的笔记录在旁边。

4. 养成讲故事的习惯。这里的故事不局限于书本上看到的,可以是生活中你自己的故事,如你每天在学校遇到的事情。你可以在睡前用自己的方式讲给家人听,并听一听他们的反馈,看看哪里他们能够听明白,哪里他们不能听明白,把他们的意见作为反馈收集起来并加以改进。

5. 多当倾听者。平时可以多让别人给你讲故事,如果可以的话,找一个同伴你们相互给对方讲故事。然后以一个倾听者的身份把对方所讲故事的一些问题记录下来,并对照自己,看看是否存在同样的问题,最后针对问题去想解决办法,让自己的故事越讲越完美。

6. 积极参与课堂上的一些表达活动,如:口语交际、课前展示、优秀作文诵读等有利于你表达的班级活动。这是很好的学习和锻炼机会。

如果将语文的学习看成是金字塔,那么作文就是金字塔的顶端,要想顶端稳,地基也要打好,若是作文出现问题,一定先要检查你的积累与表达的地基是否打好,它们是金字塔的关键,也是你特别要注意的地方。

素素老师贴心建议

那么怎样才能让你的作文生动形象有画面感呢?请认真阅读。

1.学会找关键部分。如:《肥皂泡》中有这么一段话:"法子是把用剩的碎肥皂,放在一只小木碗里,加上点水,和弄和弄,使它融化,然后用一支竹笔套管,沾上那黏稠的肥皂水,慢慢地吹起,吹成一个轻圆的、网球大小的泡儿,再轻轻地一提,那轻圆的球儿,便从管上落了下来,软悠悠地在空中飘游。若用扇子在下面轻轻地扇送,有时能飞得很高很高。"

　　这段话读起来就很有画面感,那么你跟着自己眼前出现的画面,哪些画面与哪些字、词、句有关,你就把它圈出来。如制肥皂泡和吹肥皂泡时那一系列的动词……

　　圈出来之后,你把那些词摘录出来,然后不看书,试着用自己的话去说一说这段的内容,看看是否也是如此精彩,若是,它们就是让文章有画面感的法宝,要赶紧记到脑子里。

　　2. 养成善于观察的习惯。可以准备一个观察记录本,这个本子上的记录不用过于详细,你可以根据自己关键部分的积累,只记录那些会让你文章精彩的关键词、句,如妈妈生气时的各种表情,小狗想吃东西时的神态、动作……记录好关键词之后,趁热打铁,用它们写一段有画面感的话。

　　3. 勤于修改。好的作文大多是改出来的,你可以小组结合,也可以自由选择伙伴结合,在自己的作文完成之后，自己先读一遍，用红笔批注自己最满意的地方和最不满意的地方；然后让小伙伴用同样的方法批注，再彼此提一些意见并修改，直到满意为止。

4.学会运用一些基本的习作方法。如：总分总的结构、中心句+事例、适当的修辞、联想、想象……可以尝试在有意识训练的基础上灵活运用。

俗话说："世上无难事，只怕有心人。"学习更是如此，不会写作文不可怕，可怕的是没有想写好作文的那颗心。

04
老是粗心大意，习惯"缺胳膊少腿"，那你可要当心被"坏习惯"缠身

王新同学有句口头禅：太粗心了。这句口头禅班上无人不知、无人不晓，因为他每天都要说上好几遍。语文课的生字不是这里少一点，就是那里多一撇，每次叫他上来，他总是眼睛一瞪，然后手在头上一抓，一句"太粗心了"就随之脱口而出。

英语课也是如此，单词的拼写不是这里多一个字母，就是那里掉了一个字母；数学课呢，不是多加个0就是少个1，有时候抄题，还会把数字抄错……由于这样的事情太多，以至于数学课上他提出的一些关于计算不出来的问题，同学们都会唏嘘一声：你不会又把数字抄错了吧！而多数情况确实是他把数字给抄错了。这粗心大意的毛病没少让他在考试时丢分，可是却怎么也改不了。

除了学习，平日里的一些班级工作，像安全平台作业、活动服装、道具……王新也总是完成得有些马虎，不是这儿忘了，就是那儿忘了，总是需要再返工一次。

王新妈妈由于工作较忙，平日很少有时间与老师沟通。偶尔有一两次，她也是匆匆忙忙，连连称道：我家孩子就是太粗心了，一点儿也不细心。说话的语气和表情倒是与王新有几分相似。

笔者问王新：为什么不慢一些，细心一点儿，一遍把事情做好？

王新：不行的，我自小就粗心，而且我爸、我妈都很粗心，就算慢下来也改不了。

王新的话倒是提醒了笔者，平日的一些班级工作除了给孩子们布置清楚外，群里也会发一下，避免有的孩子说不清楚。可很多时候笔者明明已经说得很清楚了，王新的妈妈还是会问很多问题，她好像从未认真看过群里的消息。

不过王新的粗心，虽然有一些家庭的因素在里面，但是最主要的还是他自身的原因。他知道自己粗心，不去设法改正，反而将其当成习惯，才造成了如今的局面。要改变这种状况，必须先让其认识到粗心是可以改变的坏习惯，再设法去改变。

专栏说

那么怎样才能让孩子认识到粗心大意是可以改变的坏习惯呢？

1.对比记录法。准备一个本子，将自己因为粗心而出现的错误习题或者行为记录下来，然后再用认真的心态重新做一次，比较认真与不认真态度下两者结果的不同。用结果来告诉你粗心大意是可以通过认真对待来改变的。

2.正面事例的引导。自己有意识地去搜集一些关于改掉坏习惯的事例，最好是身边同学的，然后通过其以前与现在的行为表现对比来告诉自己，任何坏习惯都不是天生的，是可以通过后天努力改变的。

3. 反面事例警惕。先记录自己或者身边的人因为粗心带来的一系列坏处，然后再去搜集一些，由浅入深地去了解坏习惯带来的一系列坏处，明白改变它的迫切性。

在学习中，有很多像王新一样粗心的孩子，有的是觉得粗心没什么，下次细心就可以了，不太看重这个问题；有的是觉得粗心是改不了的，自己就那个样子了……就这样粗心要么被当成一种习惯，要么已经成为一种习惯，不仅严重影响你的学习，还有你的生活，这时你一定要认识到坏习惯需要改变而且能够改变。

素素老师贴心建议

那么怎样才能改变粗心这个坏习惯呢?

1.转变评价方式。在平时的作业中,大家总是以"完成"来评价自己,只要作业完成就有了自己的时间,那么粗心的你可能为了"完成"而粗心下去,这时你可以转变评价方式,变"完成"为"做对"。如:课堂作业完成就可以看自己喜欢的课外书,你可以改为"课堂作业完成并只能错两道题"才可以看自己喜欢的课外书,否则不仅不能看课外书,下课之后也要用心纠错。

再如:家庭作业完成可以玩游戏、看电视,做自己喜欢的事情,你可以把它改为"完成并错一道题"才能做自己喜欢的事情,否则就要把同类型出错的题多做几道(这种评价方式错误的道数,可以根据自己的情况不断改变,最开始可以多一些,慢慢地随着习惯的好转可以对自己要求越来越严格)。

2.体会细心带来的成就感。平日里总是粗心的你可能会有很多出错的地方，若是你真的用心起来，那些出错的地方就会消失，你会得到不一样的赞美，同时自己也能体会到不一样的感觉，每当出现一次细心带来的赞美，你可以为自己贴一朵小红花，不断地去累积。

3.给自己一点儿心理暗示。暗示的方法有很多种，如：在你的桌子上或者其他经常写作业的地方，贴上"细心"或者细心后能够得到的小红花，来暗示自己细心的重要性。

4.找同伴，彼此鼓励。这个同伴可以是家人也可以是同学。如：像王新那样觉得自己粗心有一部分是家人的原因，那么就可以和家人一起制定规则来改变坏习惯，可以比一比谁在一周内粗心的次数最少，谁最多，并制定相应的奖惩措施。

若是同学，可以两两结伴，每天比一比，看谁因为粗心出错的习题在逐渐变少。少的那个人可以得到对方一句赞美的话……来相互激励。

英国著名小说家毛姆说:"改变好习惯比改掉坏习惯容易得多,这是人生的一大悲痛。"当发现自己有坏习惯时,你一定要及时去设法改变,不要让它伴你一生。

05 一直不说话，难道真的是因为胆小

泽泽同学身材娇小，平时很少发言，即便偶尔被叫到，声音也是细若蚊蚋，再加上他妈妈总是时不时地私信老师，说孩子胆子特别小，让老师尽量多关注。因此泽泽在老师心目中一直是一个胆小的孩子。

这个印象开始发生变化是因为班上接二连三有孩子向笔者反映，泽泽总是乱翻别人的书桌，他们也陆续有笔、橡皮这些东西丢失。起初，笔者并不相信，渐渐反映的人多了，笔者就开始关注这件事，也私下到德育处调了监控，监控显示，孩子们反映的确是事实。泽泽下课不爱出去玩，放学了总是慢吞吞地走得很晚，在旁边人的位置上翻来翻去，拿的都是一些小东西。

泽泽的行为让笔者很不解，东西虽小，但是行为不小，笔者联系了泽泽的妈妈，说明情况，泽泽妈妈也不相信她胆小的孩子会拿别人的东西，直到看了监控。由于不可置信，泽泽妈妈格外激动，当即就把泽泽叫了出来一顿批评，谁也拦不住。泽泽没有说话也没有反抗，一直在低头哭泣。

后来，笔者将泽泽叫到办公室，在他情绪略微平定之后，委婉地询问了他：是不是你的东西丢了，你在他们的位置上找呀？

泽泽的声音还是很小：我的东西丢了，我怕回家妈妈会批评我，所以就拿了别人的。

那次从泽泽的口中，笔者了解到，以前泽泽经常丢一些小东西，不是铅笔、橡皮就是改正带什么的，他每次跟妈妈说，妈妈总是会批评他，后来他不敢说了，就用这种方式来弥补自己丢的东西，为的就是不被妈妈批评。他也不敢告诉老师，他怕被老师批评，他甚至为了不被老师批评，还偷偷抄过作业。

听了泽泽的一番话，笔者终于明白，原来泽泽一直不爱说话不是因为他胆小,而是他怕被批评,他会为了不被批评而做一些与胆小毫无关系的事情,他绝对不是一个胆小的孩子。他只是不善于沟通表达,不知道如何处理一些生活中的小事情,这样的孩子,只要学会了沟通表达和正确处理事情的方法,一定会让人刮目相看。

专栏说

那么怎样才能培养孩子良好的沟通与表达能力呢?

1.及时表达自己心中的想法。当自己有不同意见,或者对身边一些人的做法感到不理解或者不同意的时候要及时表达出来。如:泽泽对妈妈因为自己丢东西而批评自己这种做法并不赞同,甚至心里会觉得委屈,这个时候他就可以把自己心中的想法说出来。如果觉得当面说出来不合适,也可以选择用写小纸条的方式来交流。总之,一定要让对方知道自己内心的想法，不能憋在心里。

  2. 多张大嘴巴说话，让表达成为一种习惯。抓住每一个可以说话的机会，如：朗读、背诵、唱歌等一些需要张大嘴巴出声做的事情，就一定要大声说出来，不要低头去默看。

  3. 多参加集体活动。这个集体活动包括课堂回答问题，班级里的一些竞赛、一些社团活动等，让自己在活动中与更多的人去相处、交流，体会交流和表达带给自己的快乐。

  4. 学会分享与倾听。分享可以从物品开始，平时的一些玩具和零食可以与小伙伴一起分享，然后慢慢去分享自己的快乐与烦恼，以这种方式促进交流。与此同时也要学会倾听，听小伙伴的快乐与烦恼，并试着去发表自己的意见。

  良好的沟通与表达能力并非一朝一夕、一招一式可以培养出来的，它需要你在与人交流与相处的过程中不断去感悟，只有用心感受到它带给你的帮助，你才可以不断去挑战自我，进行大胆的沟通与表达。

素素老师贴心建议

那么孩子在生活与学习中,面对一些小事情时,该怎样处理呢?

1.要分得清"是"与"非"。所谓是,就是可以做的;所谓非,就是不可以做的。如:不知道自己的答案是对是错,就是想回答问题;知道自己的口才不是很好,但就是想参与活动锻炼自己……这种事情并没有损害到他人的利益,你只是在表达自己,这些都是可以做的。再如:怕作业完不成被老师批评,就去抄作业;怕东西丢了被家长批评,就去拿别人的东西……前者欺骗了自己,更欺骗了老师;后者让同学们丢了东西,这些都损害了别人的利益,都是不可以做的。

2.学会寻求帮助。如:泽泽因为东西丢怕被妈妈批评,完全可以寻找老师和同学帮助,让他们帮忙找一找,真找不到,也可以对老师说明情况,让老师与妈妈就这个问题去沟通,而不是采取错误的方式。

3.多倾听、了解。在学校经常会出现这样的情况：一个孩子因为不小心或者别的原因碰倒了另一个孩子，然后另一个孩子二话不说，回撞对方一下，两人就会因此产生矛盾，有时候还闹得非常不愉快。

当有人莫名其妙地碰了你一下或者拿了你的某样东西时，你可以先找他了解原因，听听他是怎么说的，若非有意，可以选择原谅；若真是有意而为，可以寻求班干部和老师的帮助，而不是激化矛盾。

4.做一个文明的孩子，礼貌用语常挂嘴边。当你不小心冒犯到别人的时候，主动说声对不起，并解释原因；当你与妈妈或者其他长辈意见不一致的时候，多用"您"来委婉表达；当你与同伴意见不合的时候，多用"我觉得"……这样就会避免很多不必要的矛盾。

第五章　解决学习中常见问题的好诀窍

法国著名人文主义思想家蒙田曾说过:"语言只是一种工具,通过它我们的意愿和思想就得到交流,它是我们灵魂的解释者。"学会沟通与表达,可以帮你解决生活中的很多小麻烦。

06 好多小动作，难道是有多动症

机灵的淇淇特别好动，课堂上的他永远都在做小动作。老师讲课时，他的手总是放在抽屉里，若是特意要求把手放在桌子上，那么他就会在桌子上做小动作。一支笔、一块橡皮、一把尺子，甚至是一双手……都可以成为他的玩具。

淇淇的小动作还做得特别专注，有时候老师在身边站了好久，他都不会发现。记得一次考试结束，他趴在桌子上号啕大哭，原因是考试的时候做小动作太过专注，忘记了做题，结果交卷子时，有一大面都没有写，他怕回家被爸爸批评。

淇淇的爸爸对他要求比较严格，平日里也没少为他做小动作这事操心，隔三岔五还会因此批评他一顿，这是老师们都知道的事情。他还曾因为淇淇做小动作的事情专门带其去看了医生，怕孩子有多动症，还好医生说他只是好动而已。

淇淇一向活泼，平时还从未见他哭过。那次，看他哭得那样伤心，笔者在安慰的同时，顺势说了一句：你看，都是做小动作惹的祸，老师和父母为了你这事不知道操了多少心，你把它改了该多好。

淇淇的哭声逐渐变小，呜咽道：我也不想做小动作，最开始的时候我是发现只要做小动作就会被关注，然后故意做，可是现在每次做小动作好像上瘾似的，根本就忍不住了。

后来，笔者把淇淇的话转述给了他的爸爸，问淇淇从小在家时是否能得到足够的关注。他爸爸有些惭愧，表示淇淇在家确实很少受到真正意义上的关注，他们平时工作比较忙，总是用规则来约束，违反规则就会惩罚他，批评是常有的事情。

至此，他这个坏习惯源于缺乏关注，后来逐渐形成习惯，直到不能控制自己。那么要解决这种好动，必须先让其明白如何正确地去引起关注，然后才能逐渐改变这种行为。

沉浸式学习法

专栏说

那么缺乏关注的孩子应该如何正确去引起别人的关注呢？

1.发现自身优点，借助它的光芒。在生活中，大家可能会发现一些成绩优异的孩子在各方面都很优秀，如：管理能力好、责任心强……甚至跳绳、唱歌这些特长都很优秀。而究其原因，这些孩子特别会让优点的光芒辐射，他们因为成绩被看到，然后变得自信、阳光，哪个领域都敢于去尝试、挑战。

然而每个人都有自己的优点，即便不擅长学习，那么画画、唱歌、跳舞，性格开朗、文静……这些都可以是你的优点，你要善于把它们展现出来。如：活泼是淇淇极大的优点，他就可以用自己的活泼去好好和同学老师相处，做一个"热心肠"的孩子，这样就会很容易被关注到（提示：一定要让自己因为优点而被关注，绝非坏习惯，那样的关注只会适得其反）。

2. 做好与家人和老师之间的沟通。如：淇淇的父母是完全的规则意识，淇淇不违反规定没有奖励，但是违反了就会被惩罚。这种处理方式显然是不合理的，也使淇淇有了按要求完成事情不被关注，而违反要求反而会被关注的错觉。这时淇淇就可以把自己的想法与家人提出来，可以要求按要求完成的奖励，也可以要求父母多关注自己。如：可以与家人约定，每天必须有5～10分钟的时间去听你讲自己的事情，并且听完要有赞美性的评价。

家校是一体的，家里的一些事情如果没有办法与家长沟通，学生一定要及时去找老师倾诉，并寻求帮助。如：淇淇可以在老师初次发现他做小动作时，就把在家缺乏关注的情况说给老师听，那么就避免了坏习惯会控制不住的事情发生（温馨提示：与家人和老师的交流也会引起他们对你的关注哦）。

3. 培养兴趣与自信。平时多培养一些小兴趣，它会给你带来美好的关注。也要善于培养自己的自信心，它是你被看到的关键，只有敢于表现、敢于参与，你才会被关注到。

引起关注的方式有很多种，有时候只要你主动就可以，有时候也许你主动很多次也没有被关注到，有时候你自身就带着很多被关注的光芒，有时候你需要很努力才能找到被关注的光芒……但是无论如何都没有关系，长期坚持、长期寻找，光芒就会出现并且被关注到。

素素老师贴心建议

怎样改掉爱做小动作这个坏习惯呢？

1.约定法。与父母老师约定：每次做小动作，让父母或者老师有意识地忽视自己，而且不会因为做小动作批评自己。让其把关注点放在除了做小动作之外的事情上，如：作业的正确率、每天写作业用的时间等；相反，如果没有做小动作，或者这个行为变少了，让老师或者父母适时地去表扬你。

2. 做一些专门的训练。如：练习专注去做一件事情，这个训练可以从你喜欢的事情开始。如：你喜欢读书，那么你就可以要求自己读书20分钟，之后读书时间可以慢慢增多，事情也可以由喜欢的向外扩展，如：写作业、听讲等。

3. 制定专门的奖惩措施。这个奖惩措施专门针对你做小动作这一行为。奖励和惩罚以你做小动作的严重程度为参照物。拿淇淇来说，已经成为不能控制的习惯，那么你就可以把奖励点设置得低一点儿，如：10分钟不做小动作即可得到奖励，奖励物品可以是一些贴纸，也可以是别人的一句赞美，甚至可以是一次领读的机会，这些可以根据自己的情况而定。

4. 发展自己的特长。如：好动的你可能喜欢触摸、运动、探究……那么你可以专门给自己安排一些这样的事情来做，然后记录好自己的成果与别人分享，这样好动的你自然会用一些更有意义的事情来代替做小动作。

沉浸式学习法

> 前苏联著名作家高尔基说:"只有满怀自信的人,才能在任何地方都怀有自信,沉浸在生活中,并实现自己的意志。"——被关注也是如此,只有勇敢、自信地去学习,才能看到属于你的光芒。

07
学校的三好生，家里的小霸王，这个样子很累呀

小孟是班上的文艺委员，她兴趣广泛，喜欢唱歌、跳舞，平时成绩优异，话也不多，各方面习惯也特别好，深受老师和同学的喜爱，每次学校"三好学生"的领奖台上，都有她的影子。

可令老师们万万没有想到的是，这样一个学校的三好生，在家里居然是一个不折不扣的"小霸王"。她妈妈在微信里告诉笔者，孩子在家里总是目无尊长，若是有一点儿不顺着她，她就会和父母顶嘴、争吵……有时候甚至会说一些辱骂的话。说完，她还发了一些相关的视频，视频里的小孟果然和学校里的判若两人。

由于在学校和家里的表现反差太大，一时间让人难以

相信，笔者还是和小孟妈妈当面进行了交流。见面时，小孟妈妈一脸的无奈和尴尬。她说每次家长会都能听到对孩子的表扬，她很多次都想把这个情况反映给老师，可是心里又觉得不好意思，不知从何说起，直到这一段时间，家里的小孟有些变本加厉，连作业也不好好写，语文的阅读，她从来不认真读，家人说她，她总是以"你又不是老师，老师还表扬我呢"还回去，她怕孩子再这样下去，好成绩再也保不住了，于是才选择在微信上把这些情况反映给笔者。

与小孟妈妈交谈之后，笔者曾在课堂上旁敲侧击说了这件事情，可是小孟并无反应，她依然是安安静静坐在那里的"乖乖女"形象，即便有些问题叫她起来谈谈，她也说得非常好，和她的行为毫无关系。后来，笔者将小孟叫到办公室，开门见山地将她妈妈反映的问题说了出来，表示想听听她的想法。

小孟沉默了良久才开口，她说学校的"好学生"有标准，她只要按照那个标准去做就会得到表扬，就会是别人的榜样。可是家里的"好孩子"太难了，什么标准也没有，就算你再怎么努力，父母还是不满意，她们会找到更好的和你比，反正无论如何也不能让父母满意，那不如就把最糟糕的一面给他们看吧。

后来，笔者又了解到最初家里的小孟与在学校的一样，可是父母总是不满意，把她跟更优秀的孩子比，后来她大闹了一场，父母反倒给她买喜欢的玩具来哄她，之后，家里的小孟就完全变了。小孟是个好强的孩子，她变成现在这样，是家庭本身的原因，要想改变，必须正视与父母的沟通，健全家庭评价体系。

专栏说

那么如何才能以正确的方式与父母进行沟通呢？

1.理解、感恩与尊重。父母是养育你的人，无论何时何事，一定要以理解、感恩与尊重为前提，再进行有效沟通，这三个词是你与父母沟通时最基本的行为准则。

2.主动沟通、积极表达。即便是与很好的朋友在一起时，你也很难完全猜出对方的想法，而父母与你的年龄差距较大，这个年龄差会使你们的思想上存在一道天然的鸿沟，让你们很难准确猜到对方的想法。所以当父母的某些行为让你感到不满意或者不理解时，一定要大胆地说出来。如小孟，在父母经常拿她与别的孩子比较时，她心里不满，就要及时与父母沟通，说出心中的想法。

3.学会换位思考。凡事要学会站在父母的角度去思考，如：小孟的父母为什么总爱拿比她优秀的孩子和她比较？当她大发脾气的时候为什么父母会选择买她喜欢的东西去哄她？如果这些事情发生在你身上，你处于当局者迷的状态无法理性思考，那么你可以把事情代入到别的孩子身上去思考，这样就能找到问题所在。

4.多与同伴和老师交流。很多年龄相仿的孩子往往会遇到一些类似的问题，多与他们交流，对你的成长有一定的帮助。而老师作为孩子的教育者，各种家庭背景的孩子一定都遇到过，他们会有足够的经验和方法来帮你处理你解决不了的问题。

家庭是你的原生环境,对你的成长至关重要,但是你无法选择出生在怎样的家庭,遇到怎样的父母……不过无论如何,只要你找到正确的方法与其沟通,就不会对你的成长造成很大的影响。

素素老师贴心建议

关于如何健全家庭评价体系?你不妨这样做。

1. 以"我"为参照物,确定合理的目标。家庭的评价参照物一定是你本人,如:你的学习或者行为习惯很糟糕,那么你或者你的父母一定不能老拿班级里面最好的作为你的目标,你可以找与你相近,让你迈一步就可以够到的孩子为目标。

或者你可以不借助别人，直接给自己定一个目标。如：你的成绩在及格线边缘，那么你可以给自己定一个"合格"的目标；你的行为习惯很差，经常被教育，那么你可以用违反班级或学校纪律的次数来要求自己（温馨提示：这些目标要不断变化，随着你越来越好，目标也会越来越高）。

　　2.制定合理的奖惩措施。这个措施可以和父母一起制定，具体方法可以参照前面"给自己设定奖惩措施，从而提高自己的作业质量"（P197）这一小节，将作业延伸到自己行为习惯的每一个方面。

　　3.以学校为参照，树立规则意识。如：你可以仿照小学生行为准则，结合自己在家里的点点滴滴，制定一个小孩子家庭行为准则，把它张贴到比较醒目的位置，用这种方法来提醒和约束自己。

> 英国著名教育家斯宾塞说:"聪明的父母总是善于与孩子进行心灵沟通。"——这句话反过来也同样成立,聪明的孩子总是善于与父母进行心灵沟通。

08
老是需要人监督，
那你的自觉性可能失灵了

  恒恒这个孩子总是让人捉摸不透，说他内向不爱说话吧，上课小动作极多，下课更是一个话匣子，声音特别高，还经常与同学发生矛盾；说他外向善于表达吧，上课从未举过手；说他对知识的接受速度慢吧，偶尔一些很多同学都做不对的习题，他却能做对；说他对知识的接受速度快吧，很多简单的题却总是出错，字还写得乱糟糟的……平时，无论哪个老师与他交谈什么，他总是保持沉默，一副无所谓的样子。

  令人诧异的是，网课期间的恒恒就像换了一个孩子，课堂笔记和各科作业都写得格外认真，正确率也极高，老师直播的时候他总是积极参与，比在学校的时候实在优秀太多。

网课老师们看到了很多平日特别优秀的孩子都有一些松懈，像恒恒这样的着实少见。所以，老师们专程去恒恒家做了一次家访。原来，每一节课，恒恒的妈妈都在他旁边，全程陪听，做作业也是全程监督。大家在为恒恒妈妈的用心点赞的同时，也特别欣慰，恒恒能够在妈妈的陪伴下发生这么大的变化。

可是，恒恒这样的表现到开学时又消失了，他又回到了最初在学校时的样子，与其交谈几次，也并没有改变。后来，笔者也像他妈妈一样讲课时站在他旁边，写作业时也站在他旁边，那会儿，他的听课效率和作业又好了很多。但是若哪天没有老师站在他旁边，他就又成了原来的样子。

恒恒的这些行为在告诉老师们：他就是这样一个随时都需要监督的孩子，有人监督和没人监督完全是两个样子。他的自觉性已经完全失灵了，要想改变他，必须培养其自觉性，让其在心中建立起自我评价体系。

> **专栏说**

那么怎样培养孩子的自觉性呢?

1. 弄清楚自己需要别人监督的原因。 拿恒恒来说吧,他在妈妈或者老师的监督下就能很好地学习,而没有人监督则不行。那么他可以想一想自己为什么在妈妈或者老师的监督下能够表现得很好,是因为害怕被批评还是因为会得到表扬,或者是得到一些物质奖励。

若是害怕被批评,听课时,你可以与同桌进行约定,若是他发现你在老师讲课的时候做小动作或者走神,你让他及时提醒你或者报告给老师。在写作业时,你可以写完一个题让老师看一个题,让老师当面给你改。

若是因为会得到表扬或者物质奖励,你可以与父母或者老师沟通,用"奖励券""图章"等可以累积的方式进行,如:每节课积极回答一次问题,就可以得到一张奖励券,每天结束发挥发放相应的奖励，奖励券达到一定数量才可以兑换你喜欢的东西。

2.经常反思、自省。你可以给自己准备一个自省表，表中设计一些课堂表现、课间活动、作业情况等生活和学习中经常会经历的场景，然后根据自己的表现在相应的格子下面进行评价，可以用贴纸、画星星等自己感兴趣的方式进行。然后通过这个表，直观地看出自己的各项行为，从自身去意识到自己的不足之处并制定相应的改进措施。

3.通过自主学习，培养你的学习兴趣。这种方式可以从自己喜欢的科目或者事物开始。如：你比较喜欢语文，那么你可以有意识地对语文进行自主学习，体验其带给你的乐趣。然后在语文学习逐渐不需要监督的情况下，再进行其他学科的学习。

随着年龄的增长，自觉性对一个孩子来说越来越重要，所以当发现自觉性失灵的时候，你一定要弄清楚你需要监督的原因，然后对症下药，并有意识地去培养，培养的方法有很多，过程也会很长，只有不断地尝试和坚持，自觉性才会去和你交朋友。

素素老师贴心建议

那么孩子在生活与学习中,该怎样建立一个完善的自我评价体系呢?

1.目标必须明确。这个目标不仅指像"你为什么学习?""你将来想做什么?""你觉得你的学习能为你将来的生活带来什么"等这类大的目标,还要包括"这节课要学到什么?""解决这种问题用什么方法?"等这类小的目标,要在大目标的指引下,明确到每节课、每一天,这样你的学习和评价才会有方向。你可以在每节课前写一个目标到课本要学习的内容中。如:学会什么、上课发言几次,还可以在每次作业前写上目标,书写要达到哪个等级,质量要达到哪种程度。

2.树立适宜的学习榜样。这个榜样可以是一个人,也可以是很多人,根据你的识记情况而定。如:在语文课上,张三比你优秀一点儿,但不是太多,努努力可以赶上;在行为习惯上,李四也是比你好那么一点儿，于是你就可以把张三和李四分别定为你语文学习和行为习惯学习的目标，平时多观察他们，向他们看齐（温馨提示：善于看到别人的长处去学习，并适时更换你的榜样）。

3.做好评价记录。你可以准备一个自己的评价册子，从每天的目标完成、赶上每个榜样所用的时间等方面，将其记录下来。这个册子你也可以邀请你的家人和老师一起来完成，让他们对你的课堂表现、课堂作业，以及家庭表现和作业进行等级评价。

4.根据你的评价记录，制定相应的奖惩措施。具体方法可以参照前面"给自己设定奖惩措施，从而提高自己的作业质量"（P197）这一小节，将作业延伸到目标评价里面即可。

中国著名教育家叶圣陶在《脚步集》中说："能不能把古来的传统变一变，让学生处于主动的地位呢？假如着重在培养学生自己动手改的能力，教师只给学生引导和指点，该怎么改让学生自己去考虑，去决定，学生不就处于主动地位了吗？养成了自己改的能力，这是终身受用的。"——现在学校已经在把主动地位还给孩子，只是它需要你有足够的自觉性。

后记
POSTSCRIPT

愿你永远不会停止思考

人这一生总是伴随着各种各样的问题，学生时代也不例外。这些问题是双刃剑，它们可以促使你成长，飞向更广阔的蓝天；也可以导致你堕落，使你跌入万丈深渊。蓝天还是深渊，在于你能否靠思考去解决这些问题。

记得电影《银河补习班》里爸爸马皓文问了在学校成绩排名倒数的儿子马飞这样一个问题："你有没有想过长大要干什么？"马飞答："清华北大啊，妈妈说的。"马皓文说："清华北大只是过程，不是目的。"他告诉马飞人生就像射箭，梦想就像箭靶子，连箭靶子都找不到在哪儿，你每天拉弓有什么用。

"你有没有想过长大要干什么？"不知道这个问题你有没有问过自己，又会如何作答。我遇到很多孩子，他们完全给不出这个问题的答案。他们只知道来学校是为了学习，学习是为了有一个好成绩，将来上一个好学校，之后再干什么并未考虑，而且他们所说的话大半也源于父母。

此时此刻，你如果在看这本书，请问自己这个问题，然后把经过思考的答案写在旁边，它就是你的箭靶子。

电影里还有这样一句台词，"真正的学习要从兴趣开始"，这是一句我们都再熟悉不过的话，可是兴趣是怎么来的，不知你是否思考过。

我遇到一些孩子，报社团的时候总不知道自己要报什么，各个社团看了一遍又一遍，最后也是随意地选了一个，在那些孩子的心中兴趣不是培养出来的，而是与生俱来的，就像他们总喜欢把学习特别优秀的孩子叫"天才"，觉得他优秀是因为与生俱来的聪明。

可是无论是兴趣还是优秀，都并非与生俱来的东西，它们完全可以靠后天去培养。不喜欢学习、不适应老师、不知道喜欢什么……这一切的一切背后都有一个原因，而这个原因只有通过认真思考才能浮出水面。

当然每个年纪都有属于这个年纪的无奈，你们也如此。如电影中的马飞，离异的家庭、与他不合拍的教导主任……这些外在的环境都是他无法改变的。相信书前的你也有这种苦恼，而不幸的是你不一定有马皓文这样的父亲。

"这世界上有很多事情是我们控制不了的，但我们可以控制的，是我们自己。"这是这部电影中的另一句台词，当你无法改变环境的时候，你可以试着去改变自己。面对忙碌且不理解你的父母，你可以选择用自己的办法去沟通；当问题解决不了时，还可以求助于老师，老师是多元的，就连影片里也有那么多风格迥异、态度截然不同的类型，生活中也是如此。只要不停止思考，你总能找到解决问题的方法。

没有马皓文这样的父亲不要紧，只要不停止思考，你自己就是能够帮助自己的马皓文。最后，这部电影里的一句台词送给你："永远不要停止思考，永远不认输。"

致每一个正在成长的孩子，未来可期，愿你们都能在思考中活成自己期待的样子。